Gaurav Singh

Performance Measurement im Kulturbereich

Bachelor + Master
Publishing

Singh, Gaurav: Performance Measurement im Kulturbereich, Hamburg, Diplomica Verlag GmbH 2012

Originaltitel der Abschlussarbeit: Performance Measurement in Kulturorganisationen

ISBN: 978-3-86341-413-9
Druck: Bachelor + Master Publishing, ein Imprint der Diplomica® Verlag GmbH, Hamburg, 2012
Zugl. Leopold-Franzens-Universität Innsbruck, Innsbruck, Österreich, Bachelorarbeit, August 2012

Bibliografische Information der Deutschen Nationalbibliothek:
Die Deutsche Nationalbibliothek verzeichnet diese Publikation in der Deutschen Nationalbibliografie; detaillierte bibliografische Daten sind im Internet über http://dnb.d-nb.de abrufbar.

Die digitale Ausgabe (eBook-Ausgabe) dieses Titels trägt die ISBN 978-3-86341-913-4 und kann über den Handel oder den Verlag bezogen werden.

Dieses Werk ist urheberrechtlich geschützt. Die dadurch begründeten Rechte, insbesondere die der Übersetzung, des Nachdrucks, des Vortrags, der Entnahme von Abbildungen und Tabellen, der Funksendung, der Mikroverfilmung oder der Vervielfältigung auf anderen Wegen und der Speicherung in Datenverarbeitungsanlagen, bleiben, auch bei nur auszugsweiser Verwertung, vorbehalten. Eine Vervielfältigung dieses Werkes oder von Teilen dieses Werkes ist auch im Einzelfall nur in den Grenzen der gesetzlichen Bestimmungen des Urheberrechtsgesetzes der Bundesrepublik Deutschland in der jeweils geltenden Fassung zulässig. Sie ist grundsätzlich vergütungspflichtig. Zuwiderhandlungen unterliegen den Strafbestimmungen des Urheberrechtes.

Die Wiedergabe von Gebrauchsnamen, Handelsnamen, Warenbezeichnungen usw. in diesem Werk berechtigt auch ohne besondere Kennzeichnung nicht zu der Annahme, dass solche Namen im Sinne der Warenzeichen- und Markenschutz-Gesetzgebung als frei zu betrachten wären und daher von jedermann benutzt werden dürften.

Die Informationen in diesem Werk wurden mit Sorgfalt erarbeitet. Dennoch können Fehler nicht vollständig ausgeschlossen werden, und die Diplomarbeiten Agentur, die Autoren oder Übersetzer übernehmen keine juristische Verantwortung oder irgendeine Haftung für evtl. verbliebene fehlerhafte Angaben und deren Folgen.

© Bachelor + Master Publishing, ein Imprint der Diplomica® Verlag GmbH
http://www.diplom.de, Hamburg 2012
Printed in Germany

Inhaltsangabe

Das Thema dieser Bachelorarbeit lautet „Performance-Indikatoren in Kulturorganisationen: Wie und unter welchen Randbedingungen können Leistungen, Performance und Qualität in der Kultur in Form von Indikatoren und Messgrößen abgebildet werden?

Das erste Kapital beinhaltet Allgemeines über Non-Profit Organisationen, denn Kulturunternehmen sind dem Bereich Non-Profit einzuordnen. Es werden Merkmale einer Non-Profit Organisation und Unterschiede zu privatwirtschaftliche Unternehmen aufgezeigt. Zudem wird auf die Definitionen von Mission, Vision und Strategie eingegangen, da die Abgrenzung hier nicht immer eindeutig ist und diese Begriffe für die weiteren Kapitel in dieser Bachelorarbeit eine wesentliche Rolle spielen.

Im Kapitel 2 wird auf das Performance Measurement eingegangen. Es werden eine Definition, Ziele aber auch die Grenzen aufgezeigt. Anschließend wird auf die Hauptthematik dieser Arbeit eingegangen, nämlich Performance Measurement in Kulturorganisationen. Genauer wird beleuchtet wie und unter welchen Bedingungen Leistung, Performance und Qualität abgebildet werden kann.

Zu guter Letzt wird die Balanced Scorecard näher vorgestellt. Diesem Instrument ist deshalb ein eigenes Kapitel gewidmet, da durch dessen Fokussierung auf die Strategie, von der wiederum die einzelnen Betrachtungsperspektiven, sowie die Art der Kennzahlen abgeleitet werden, dem Anspruch einer NPO gerecht wird, deren übergeordnetes Ziel es ist, die Mission zu erfüllen. Zuerst wird auf den Aufbau einer Balanced Scorecard eingegangen, anschließend werden mögliche Probleme bei der Einführung beziehungsweise die Risiken bei schlechter Umsetzung näher erläutert und es werden Gründe aufgeführt, wieso die BSC für Kulturbetriebe geeignet ist. Schließlich wird eine BSC am Beispiel eines Museums vorgestellt.

Inhaltsverzeichnis

Inhaltsangabe 2
Inhaltsverzeichnis 3
Abbildungsverzeichnis 5
Abkürzungsverzeichnis 6

1. Nonprofit- Organisationen

    1.1 Definition 7

    1.2 Mission/Vision/Strategie 9

        1.2.1 Mission 9

        1.2.2 Vision 9

        1.2.3 Strategie 10

2. Performance Measurement

    2.1 Definition 11

    2.2 Ziele und Merkmale des Performance Measurement ... 13

    2.3 Grenzen des Performance-Measurement-System 15

    2.4 Performance Measurement in Kulturorganisationen ... 16

    2.5 Fourth Generation Evaluation 18

    2.6 Qualität in Kulturorganisationen 19

    2.7 Qualität kommunizieren 22

    2.8 Shareholder und Stakeholder 24

        2.8.1 Shareholder Value Ansatz 25

        2.8.2 Stakeholder Ansatz 25

    2.9 Kennzahlen 27

        2.9.1 Definition 27

        2.9.2 Problematik finanzieller Kennzahlen 29

3. Balanced Scorecard

    3.1 Abstract 30

    3.2 Wieso genau wurde die BSC entwickelt? 33

    3.3 Perspektiven 35

        3.3.1 Finanzwirtschaftliche Perspektive 35

        3.3.2 Die Kundenperspektive 36

        3.3.3 Die interne Prozessperspektive 37

        3.3.4 Die Lern- und Entwicklungsperspektive 38

    3.4 Ursachen-Wirkungsanalyse 38

    3.5 Implementierung 40

    3.6 Mögliche Probleme bei der Einführung 41

    3.7 Risiken bei schlechter Umsetzung 42

    3.8 Wieso ist die BSC für Kulturbetriebe geeignet 42

    3.9 Balanced Scorecard am Beispiel eines Museums 43

        3.9.1 Perspektiven 43

        3.9.2 Strategische Ziele und Kennzahlen 44

4. Literaturverzeichnis 47

Abbildungsverzeichnis

Abb. 1: Traditionelle Kennzahlensysteme versus Performance Measurement 12
Abb. 2: Performance Measurement dargestellt anhand eines Baumes 12
Abb. 3: Ziele von Kulturunternehmen 23
Abb. 4: Die Balanced Scorecard als strategischer Handlungsrahmen 33
Abb. 5: Ursache-Wirkungsbeziehungen der BSC 39
Abb. 6: Entwicklung von BSC 40

Abkürzungsverzeichnis

BSC	Balanced Scorecard
Strat. Ziel	Strategisches Ziel
NPO	Non-Profit-Organisationen
Abb.	Abbildung
usw.	und so weiter
bzw.	beziehungsweise

1. Non-Profit-Organisationen

1.1 Definition

Da Kulturbetriebe im Bereich Non-Profit Organisationen zuzuordnen sind, wird in diesem Kapitel auf die Definition eingegangen. Non-Profit-Organisationen (kurz NPO) sind formell strukturiert. Entscheidungsstrukturen und Verantwortlichkeiten sind also in einem Mindestmaß immer vorhanden. (Klingebiel, 1999)

Des Weiteren zeichnet eine NPO organisatorische Unabhängigkeit aus. Das bedeutet, dass die NPO eine private und damit nicht-staatliche Organisation ist. Eine Unterstützung von öffentlicher Seite ist aber durchaus im Bereich des Möglichen. Außerdem ist anzumerken, dass NPOs zumindest ein Minimum an Eigenverwaltung zu eigen ist. Vollkommene Außenkontrolle würde der Definition von NPOs widersprechen. Allerdings ist ein gewisser Teil an Außenkontrolle, vor allem in Bezug auf die öffentlichen Mittel, meist gegeben. (Tiebel, 1998)

Die offensichtlichste Charakteristik einer NPO ist die fehlende Gewinnorientierung. Diese Eigenschaft darf nicht dahingehend fehlinterpretiert werden, als dass NPOs keine Gewinne erwirtschaften dürften. Im Gegenteil, dies ist sogar erwünscht. Allerdings dürfen diese Gewinne nicht an Eigentümer oder Mitglieder ausgeschüttet werden, sondern müssen in der Organisation zum Unternehmenszweck verbleiben. Das die NPO auszeichnende Charakteristikum ist also die Art der Gewinnverwendung. . (Tiebel, 1998)

Man kann auch in der Hinsicht NPOs von privatwirtschaftlichen Unternehmen unterscheiden, dass erstere sich qualitative Ziele setzen (also, dass die von der Organisation getragene „Mission" erfüllt wird) und letztere quantitative Ziele verfolgen (performance management).

Wie oben bereits erwähnt, verfolgen NPOs qualitative Zielsetzungen. (Tiebel, 1998) Diese stellen meist soziale bzw. humanitäre Ziele dar. Hierbei ist jedoch zu beachten, dass deren Erreichung oder Nicht-Erreichung, anders als quantitative Ziele in privatwirtschaftlichen Unternehmen, nicht durch Vermögenswerte, Umsatzrentabilitäten oder dergleichen dargestellt werden kann, weshalb die Effizienz der NPOs anhand der Erfüllung der Mission beurteilt werden muss. Eine NPO ist also dann erfolgreich, wenn sie positive Veränderungen von Personen oder Gesellschaften herbeiführt. (Klingebiel, 1999)

Die Qualität der Arbeit einer NPO (Leistungsqualität) muss regelmäßig erhoben werden. Dies ist bei NPOs unter Umständen deutlich problematischer als bei privatwirtschaftlichen Unternehmen, da die objektive Leistungsqualität manchmal im Widerspruch zur subjektiven Leistungsqualität, sowohl seitens der Leistungserbringer sowie Leistungsempfänger steht. (Klingebiel, 1999)

Ein weiteres wichtiges Charakteristikum von NPOs ist ein gewisses Maß an freiwilliger Leistung .Dieses ist erfüllt, wenn ehrenamtliche Arbeit geleistet wird. Dies kann in Form von ausführenden Tätigkeiten, Leitungsfunktionen oder auch freiwilliger Mitgliedschaft geschehen. . (Tiebel, 1998)

Zudem ist bei NPOs zu beachten, dass Wertvorstellungen sowohl der NPO als auch ihrer Förderer beachtet und aufeinander abgestimmt werden, um so eine längerfristige Unterstützungsbereitschaft seitens der Förderer sicherzustellen. (Klingebiel, 1999)

Wichtig für NPOs ist es auch eine hohe organisatorische Flexibilität zu gewährleisten. Nach Klingebiel (1999) ist diese Flexibilität nur zu erreichen, wenn „traditionelle Strukturen aufgegeben werden und dafür eine stärkere direkte Vernetzung (cross-funtional) durch eine entsprechende Prozessorientierung und einen adäquaten Einsatz an Informationstechnologien der beteiligten Bereiche/Personen erfolgt." Dies erfordert daher, dass gewählte Leistungsgrößen integrativ die Aspekte Qualität, Kosten und Bemühen (sowohl seitens der ehrenamtlichen als auch der festangestellten Mitarbeiter abbilden. (Klingebiel, 1999)

Aufgrund externer Anspruchsgruppen sowie durch Einbindung entsprechender Benchmarks wird der Anspruch der kontinuierlichen Leistungsverbesserungen auch für NPOs immer wichtiger. Aus diesem Grund müssen Leistungskriterien sowohl das absolut erreichte Leistungsniveau, die Veränderungsrate der Leistungsfähigkeit, sowie die Qualität des Leistungsangebots klar darstellen und für Außenstehende verständlich dokumentieren. (Klingebiel, 1999)

1.2 Mission/Vision/Strategie

1.2.1 Mission

Jahrzehnte lang wird an der Definition des Begriffes Mission gearbeitet. Eine Mission kann positiv aber auch negativ sein. Neil (1959) betonte „Wenn alles eine Mission ist, ist es keine Mission". Obwohl diese Warnung wahrzunehmen ist, ist es schwer zu definieren, was eine Mission sein soll. Trotzdem versucht man sich dem Begriff anzunähern. Laut der Studie von Bosch (1991) ist eine Mission ein kontinuierlicher Prozess der Formulierung, Prüfung, Neuformulierung und des Verwerfens. Eine Mission umzusetzen bedeutet, dass Tätigkeiten und Strategien entwickelt werden müssen, damit die Mission in die Realität übergehen kann. (Bosch, 1991)

Niven (2003) betont außerdem, dass eine Mission nie völlig erfüllt werden kann, anders als bei Strategien und Ziele, deren Umsetzung nur in Abhängigkeit zur Zeit steht. (Niven, 2003)

Allgemein versteht man heute unter einer Mission in einem Unternehmen folgendes: „Zweck des Daseins und Nutzenversprechen gegenüber seinen Anspruchsgruppen." (www.wirtschaftslexikon.gabler.de, 02.08.2012) Die Funktionen einer Mission sind nämlich die folgenden: (www.wirtschaftslexikon.gabler.de, 02.08.2012)

a) *Orientierungsfunktion*: Es soll klar zum Ausdruck kommen, wohin sich das Unternehmen noch entwickeln will.
b) *Motivationsfunktion*: Durch die Mission wird die Motivation der Mitarbeiter gefördert, die sich wiederum mit dem Unternehmen und deren strategische Ziele identifizieren können.
c) Legitimationsfunktion: Alle Mitarbeiter werden über die Ziele aufgeklärt und auch begründet.

1.2.2 Vision

Durch eine Vision wird vermittelt, was die Organisation eigentlich erreichen will. Die Vision vermittelt also allen Angehörigen der Organisation ein mentales Raster, um der abstrakten Zukunft und den vagen Zielen eine Kontur zu geben. Eine Vision entspricht dabei immer der

Mission, ohne welche eine Vision gar nicht möglich wäre, da diese immer etwas über die Zeit Beständiges benötigt, an dem sie anknüpfen kann. (Niven, 2003)

Der Unterschied zwischen Mission und Vision muss als solcher gar nicht gegeben sein. So kann die Vision alle wichtigen Elemente der Mission (Zweck, Strategie, Verhaltensnormen und Wertvorstellungen) wiedergeben. Trotzdem sind die dahinterstehenden Konzepte nicht vollkommen gleich. Während sich die Mission auf die Gegenwart, also einen Sein-Zustand, bezieht, zielt die Vision auf Zukünftiges, also einen Soll-Zustand, ab. Ein weiterer Unterschied besteht darin, dass eine Vision, sobald sie verwirklicht wurde, durch eine neue ersetzt werden muss, während eine Mission beibehalten werden kann. Dies erklärt auch, warum Vision und Ziel vorrangig miteinander assoziiert werden und Mission eher einer Verhaltensweise entspricht. (Campbell/Devine/Young, 1992)

1.2.3 Strategie

Mintzberg und Quinn (1996) definieren Strategie folgendermaßen: „the pattern or plan that integrates an organisation's major goals, policies, and action sequenced into a cohesive whole". (Schreyer, 2007, S. 18)

Grundsätzlich meint Mintzberg, dass es zahlreiche, unterschiedliche Varianten an Definitionen des Begriffs „Strategie" gäbe. Es lassen sich dabei sowohl Definitionen finden, die Strategie als Plan mit Handlungsoption oder Perspektive, oder auch als Paradigma bzw. Weltanschauung des Unternehmens beschreiben. (Schreyer, 2007)

In einem engeren Sinn ist eine Strategie aber eine „langfristige Ausrichtung und der Wirkungsbereich eines Unternehmens, dessen einziges Ziel darin besteht, einen Wettbewerbsvorteil durch das Management von Ressourcen innerhalb des anspruchsvollen Umfelds von Stakeholdern und Märkte zu erlangen." (Schreyer, 2007, S. 19)

Die Strategie eines Unternehmens sollte also zunächst bereits vorhandene Schwächen und Stärken in einer Art analysieren, dass das Unternehmen so positioniert werden kann, dass überraschenden Veränderungen begegnet und Vorstößen der Konkurrenz entsprechend entgegengewirkt werden kann. (Schreyer, 2007)

2. Performance Measurement

2.1 Definition

Performance ist ein nicht einheitlich definierter Begriff, der in verschiedensten Bereichen Verwendung findet. (Bono, 2010)
Unter einem betrieblichen Gesichtspunkt versteht man Performance Management als die Bewertung und Kontrolle ökonomischer Sachverhalte und deren Auswirkungen auf die vom Unternehmen gesteckten Ziele, was unter anderem zu den Hauptaufgaben der Unternehmensführung gehört und bei deren Umsetzung entsprechende Kriterien benötigt werden. Bisher herrscht in der Wirtschaft hier der Fokus auf ökonomisches, produktives und effizientes Handeln, also eine Vorherrschen von Konzepten, die hauptsächlich lediglich an monetären Kennzahlen ausgerichtet sind, also vorrangig Aspekte des Kostenmanagements, mit dem Ziel das Kostenniveau zu senken. (Klingebiel, 1999)

Die monetären Kennzahlen eigenen sich natürlich vor allem dazu wirtschaftliche Leistung darzustellen und entsprechend nachzuweisen. Dabei ist aber immer zu beachten, dass diese monetären Kennzahlen lediglich einen gewissen, wenn auch einen sicherlich nicht zu vernachlässigenden Teil der Unternehmensleistung beschreiben, aber Bereiche wie Produktqualität oder Kundenzufriedenheit außen vor lassen. (Klingebiel, 1999)

Deshalb finden sich seit Ende der achtziger bzw. Anfang der neunziger Jahre in einschlägiger Fachliteratur auch Erörterungen von Alternativen zur Bewertung unternehmerischen Handelns. Zeitgleich damit trat auch das Performance Management in den Vordergrund. Grundsätzlich stellt das Performance-Management einen ganzheitlichen Ansatz dar, der nicht nur leistungsfördernde Strukturen, wie bei traditionellen Kennzahlensystemen üblich (siehe Abbildung 1, Lynch/Cross), berücksichtigt, sondern eben auch Leistungsdeterminanten, um Effizienz und Effektivität zu erheben, womit die Leistungsfähigkeit des Unternehmens ganzheitlich optimiert werden soll. (Klingebiel, 1999)

Traditional Measurement Systems	Performance Measurement Systems
Financial focus	Strategic focus
• Not linked to operations strategy • Financially driven (past focus) • Limited flexibility; one system serves both external and internal needs • Used to adjust financials • Locally optimized • Decrease costs • Vertical reporting • Fragmented • Cost, output and quality viewed in isolation • Trade-offs unknown • Individual incentives • Individual learning	• Customer-driven (future focus) • Flexible, dedicated system for operational control • Tracks concurrent strategies • Catalyst for process improvements • Systematically optimized • Improve performance • Horizontal reporting • Integrated • Quality, delivery, time and cost evaluated simultaneously • Trade-offs addresses • Group incentives • Organizational learning

Abb. 1: Traditionelle Kennzahlensysteme versus Performance Measurement (Schreyer, 2007, S. 43)

Entsprechend definiert Neely (1995) Performance Management folgendermaßen: „Performance Measurement ist ein Prozess der Quantifizierung von Effektivität und Effizienz unternehmerischer Maßnahmen und Handlungen". (Neely/Gregory/Platts, 2007)

Effizienz und Effektivität stellen hierbei die zwei grundlegenden Aspekte einer jeden Steuerung dar, wobei Effizienz als Relation von Input zu Output und Effektivität als Relation von Input bzw. Output zu den Wirkungen ist. Damit handelt es sich beim Performance Management also um einen Optimierungsprozess, der der Organisation helfen soll, ihre Strategien zu schärfen, wirksam zu handeln und aus Fehlern zu lernen. (Bono, 2010)

Gut lässt sich Performance Management auch durch die Analogie mit einem Baum darstellen.

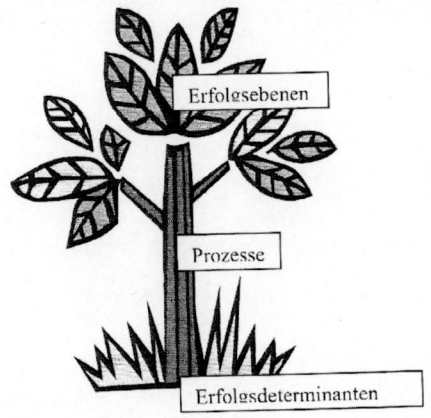

Abb 2: Performance Measurement dargestellt anhand eines Baumes (Bono, 2010, S. 24)

Die Wurzeln symbolisieren zunächst einmal ein Fundament, aus dem der Baum Kraft hervorholt und das ihm Kraft gibt. Auf das Unternehmen übertragen, sind hiermit also beispielsweise die Kompetenz der Mitarbeiter, die Position des Unternehmens am Markt, usw. gemeint. Als nächstes folgen Stämme und Äste, die für die Prozesse stehen, deren Effizienz und Effektivität den Baum bzw. die Organisation leistungsfähig bleiben lassen. In der Krone sind die Zufriedenheit von Kunden und Mitarbeitern, Qualität und Flexibilität aber auch Innovationen und Arbeitsbedingungen untergebracht. Folglich stehen die Früchte des Baumes entsprechend für die Ergebnisse der Organisation, also den hergestellten Produkten bzw. den angebotenen Dienstleistungen. Der Schatten des Baumes wiederrum stellt die Kosten dar, die das System als solches verursacht. Diese Kosten sollen durch Absatz der Früchte, also der Produkte, und damit einem entsprechenden Umsatz gedeckt werden. Da Performance-Management nicht nur kurzfristige Ziele betrachtet, sondern der Fokus immer auch auf dem Erreichen eines längerfristigen Ziels liegt, bietet es sich an die Analogie des Baumes entsprechend zu erweitern. So ist bei einem Baum, neben den Früchten, auch die Produktion von Sauerstoff ein wichtiges Ergebnis, dessen Relevanz längerfristig durch eine Verbesserung der Luftqualität gegeben ist. Zwar ist das Ergebnis auf kurzer Sicht weniger sichtbar als die Früchte, jedoch ebenso relevant. Diese Analogie trifft vor allem auf NPOs zu, die oft nur anhand leicht zu erfassender, kurzfristiger Ergebnisse beurteilt werden, die längerfristigen Ergebnisse werden dabei aber häufig nicht beachtet, was wohl zu einem großen Teil auch daran hängt, dass diese sehr schwer zu beurteilen sind. (Bono, 2010)

2.2 Ziele und Merkmale des Performance-Measurement

Sollte ein Unternehmen ein Performance-Measurement-System einführen, so kann das aufgrund sehr unterschiedlicher Zielsetzungen geschehen, die nun im Folgenden behandelt werden sollen (Schreyer, 2007):

Am häufigsten findet sich das Ziel die bereits zuvor festgelegte Strategie des Unternehmens entsprechend herunter zu brechen, also zu operationalisieren. Diese Zielsetzung ist nach Krause (1998) vor allem deshalb so vorherrschend, da Strategien als solche sehr oft sehr generell formuliert werden, was es schwer macht konkrete Empfehlungen für das eigene Handeln im Unternehmen abzuleiten oder aber zu Einschätzungen über den Zielerreichungsgrad zu kommen. Letztlich dient das Einführen eines Performance-Measurement-Systems dazu direkt messbare Ziele aus der Unternehmensstrategie abzuleiten und damit die Aktivitäten des Unternehmens zu steuern. (Schreyer, 2007)

Ein weiteres mögliches Ziel ist die „Überprüfung von Effektivität und Effizienz unternehmerischer Leistungen", also der Leistungsbeurteilung. Konkret bedeutet das zum einen die Leistungspotentiale des Unternehmens zu bewerten und zum anderen die Leistungsbereitschaft der Mitarbeiter. Letztlich soll Leistung transparent in allen Bereichen des Unternehmens dargestellt und Leistungsverbesserungen in eben all diesen Bereichen erreicht werden. (Schreyer, 2007)

Das nächste Ziel geht mit dem Ziel der Operationalisierung der Unternehmensstrategie einher und ist die Identifikation von Erfolgsfaktoren. Diese Erfolgsfaktoren sind nur unter Berücksichtigung der Stakeholder-Interessen auszumachen. Damit wird auch klar, warum in Performance-Measurement-Systemen sowohl monetäre als auch nicht-monetäre Kennzahlen zum Einsatz kommen, schließlich verfolgen die verschiedenen Stakeholder sowohl monetäre als auch nicht-monetäre Interessen, die alle in den Kennzahlen bzw. Indikatoren abzubilden sind. (Schreyer, 2007)

Des Weiteren sollen Ursache-Wirkungs-Beziehungen, also das ursächliche Wirken von Entscheidungen und Maßnahmen, dargestellt und veranschaulicht werden. Dabei sind sowohl direkte als auch indirekte Zusammenhänge zu beschreiben, außerdem sollen Beziehungsstärken festgestellt und wesentliche Steuerungsgrößen abgeleitet werden. (Schreyer, 2007)

Weiteres ermöglicht es ein Performance-Measurement-System „Zielvorgaben zu formulieren und diese auch zu kontrollieren". Damit ermöglicht es also die Planung und Steuerung von Ressourcen. (Schreyer, 2007)

Zudem lässt sich auch eine Motivationssteigerung bei allen Beteiligten aufgrund der Implementierung eines Performance-Measurement-Systems feststellen. Die Ursachen hierfür finden sich zum einen in einem erweiterten Handlungsspielraum, der die Eigenverantwortlichkeit fördert und Unternehmensbereichen mehr Eigensteuerung ermöglicht, das wiederum zu einer erhöhten Motivation der Beteiligten führt. Zum anderen kann ein Performance-Measurement-System mit einem Anreizsystem verknüpft werden und so eine leistungsbezogene Vergütung ermöglichen, was wiederrum die Motivation steigert. (Schreyer, 2007)

Zusätzlich wirkt sich die Implementierung eines Performance-Measurement-Systems auch positiv auf die Kommunikation im Unternehmen aus, da man davon ausgeht, dass das System entsprechend funktionsübergreifende, sowohl vertikale als auch horizontale, Kommunikationsprozesse anregt. So können zum Beispiel Unternehmensziele besser besprochen und diskutiert werden. Letztlich kann die Einführung eines Performance-Measurement-Systems auch dazu beitragen, Lernprozesse zu unterstützen. (Schreyer, 2007)

2.3 Grenzen des Performance-Measurement-System

Trotz der großen Chancen, die die Implementierung und Anwendung eines Performance-Measurement-Systems bietet, muss man sich im Klaren sein, dass diese Instrumente durchaus ihre Grenzen haben und sie kein Wunderheilmittel sind.

Da Performance-Measurement-Systeme meistens mit deskriptiven Messgrößen arbeiten und nur selten mit kausalen, bleibt die Interpretation der Daten vollkommen offen. Man kann zwar ablesen, ob ein Ziel erreicht wurde oder nicht, bei der Suche nach den Ursachen für das Ergebnis wird man aus den Werten aber nicht schlau. Die Interpretation dieser Ergebnisse muss deshalb durch fachkundige und erfahrene Experten erfolgen, damit der Gefahr von falschen Rückschlüssen möglichst Einhalt geboten wird. So hat beispielsweise ein schlechtes Ergebnis nicht notwendigerweise etwas mit schlechter Arbeitsleistung zu tun, wie man es als Laie intuitiv annehmen würde. (Bono, 2010)

Da Performance-Measurement-Systeme immer eine „trügerische Sicherheit" vermitteln, da Ergebnisse erfasst werden ohne auf die genauen Ursachen im Hintergrund einzugehen, ist es essentiell, sich zu vergegenwärtigen, dass es sein kann, dass Programme missverstanden werden oder dass Ergebnisse gar auf scheinbar Verantwortliche zurückgeführt werden, ohne dass eine solche Verantwortlichkeit bei genauerer Betrachtung überhaupt vorliegt. (Bono, 2010)

Aber auch die organisatorischen Rahmenbedingungen bei der Datenerfassung und Sammlung spielen eine entscheidende Rolle. So ist es von größter Wichtigkeit, dass verbindliche Vorgaben herrschen, um sicherzustellen, dass Daten nicht in mangelhafter Form erhoben werden. So stellt es beispielsweise ein weit verbreitetes Problem dar, dass einzelne Einheiten einer Organisation den Einsatz von nicht-monäteren Indikatoren nicht genügend abgleichen, und so des Öfteren Kenngrößen erhoben werden, die keinen Bezug zur Strategie der Organisation haben. (Klingebiel, 1999)

Eine entsprechende Standardisierung ermöglicht dagegen die Generierung von qualitativ hochwertigem Datenmaterial .Letztlich darf auch nicht der Einfluss von kulturellen Hindernissen vergessen werden, mit der Logik des Performance Measurement auf der einen, und die für NPOs meist typische Unternehmenskultur auf der anderen Seite. So ist ein wesentlicher Aspekt von Steuerungsprozessen die Aufteilung von Verantwortung und das Besprechen von Erfolgen aber auch Misserfolgen. Da aber in NPOs oft eine konfliktscheue Unternehmenskultur herrscht und es bei der Einführung von Performance-Measurement-Systemen häufig zu Spannung kommt, wird dieses dann häufig wieder verworfen oder der Unternehmenskultur entsprechend angepasst. (Bono, 2010)

2.4 Performance Measurement in Kulturorganisationen

Bezüglich NPOs sind sich Experten einig, dass diese verschiedenste, sich manchmal auch konkurrierende Ziele erreichen müssen, was in einschlägiger Literatur zu zahlreichen vorgeschlagenen, mehrdimensionalen Performance-Measurement-Systemen geführt hat. Die wichtigsten soll nun folgend kurz umschrieben werden:

Voss und Voss (2000) statieren zunächst ein Grundprinzip, das in jedes Performance-Measurement-System Eingang finden sollte, nämlich dass ein effektives Performance-Measurement ein klares „mission statement", also ein klares Leitbild benötigt. Dies konnten Voss und Voss (2000) mit einer Studie bestätigen, in der sie feststellten, dass die Performance einer Organisation eng mit den unternehmensinternen Werten und der Unternehmensstrategie zusammenhängt. Trotz der relativen Einfachheit dieses Prinzips, ist es nicht einfach dieses in Kulturunternehmen umzusetzen, da Unternehmen in diesem Sektor vor allem damit zu kämpfen haben, ein hohes künstlerisches Niveau zu bieten ohne zu viele Ressourcen dafür einsetzen zu müssen. Lampel, Lant und Shamsie (2000) formulieren dies folgendermaßen: „performance evaluation is a „balancing act" between creative freedom and commercial imperatives". (Voss/Voss, 2000)

Schuster (1997) wiederum war der Erste, der auf die Gefahr hinwies, die besteht, wenn man im Kultursektor Leistung mit einer zu geringen Anzahl von Indikatoren überwacht. Da diese Indikatoren nicht nur eine evaluierende Funktion haben, sondern unter anderem auch eine aufmerksamkeitssteuernde Funktion, so wird klar, warum Schuster auf die Gefahr hinweist, dass eine ungenügende Anzahl von Indikatoren zu unerwünschtem Verhalten führen kann. (Schuster 1997)

Kushner und Poole (1996) beschreiben außerdem 4 Komponenten von Effektivität. So sollen zum einen sowohl das Publikum, die Spender als auch die freiwilligen Arbeitskräfte zufriedengestellte werden, zum anderen sollen wichtige Ressourcen, sowohl finanzieller als auch menschlicher Art, identifiziert und erlangt werden. Zum anderen sollen Ressourcen effizient in Technologien investiert werden, um mit dieser „art performances" ansprechend zu präsentieren. Letztlich sollen eben auch die gesteckten Ziele erreicht werden. Kushner und Poole konnten die Relevanz dieser 4 Komponenten mit ihrer Studie (1996) nachweisen, in der sie feststellten, dass vor allem jene Kulturbetriebe am effektivsten waren, die diese 4 Komponenten genau betrachteten. (Kushner/Poole, 1996)

Gilhespy (1999) schließlich ist davon überzeugt, dass die externe Evaluation der Performance eines kulturellen Unternehmens niemals die zahlreichen dem Kulturzweig eigenen Ziele zur Genüge beachtet. So beschrieb er zehn Ziele, die NPOs verwenden können, um sich vor einer externen Evaluation seitens „public funding agencies" zu schützen. Zu diesen gehören beispielsweise Innovation oder soziale Kohäsion. (Gilhespy, 1999)

Nachdem nun einige gängige theoretische Modelle zum Performance Measurement in Kulturorganisationen vorgestellt wurden, soll nun mit Bezug auf die Studie von Turbide und Laurin (2009) noch kurz darauf eingegangen werden, wie und ob Unternehmen diese Empfehlungen umsetzen.

Die empirischen Ergebnisse von Turbide und Laurin (2009) deuten darauf hin, dass die meisten der untersuchten Unternehmen sich der Interessen der Stakeholder durchaus bewusst waren und die meisten nutzten auch entsprechende Indikatoren, um die eigene Performance zu messen. Desweiteren lässt sich feststellen, dass NPOs im Kulturbereich durchaus mehrere Dimensionen der Performance betrachten, vor allem aber die finanzielle und die künstlerische Dimension von Performance. Zusätzlich lässt sich, bei genauerer Betrachtung, feststellen, dass NPOs im Kulturbereich strategisch gesehen den artistischen Aspekten mehr Priorität zugestehen, während zum Erfassen der Performance meist Indikatoren aus dem Bereich Finanzen verwendet werden. Die Autoren (Turbide und Laurin, 2009) merken an, dass das wohl daran liegt, dass das Messen von Ergebnissen qualitativer Art sehr schwer ist, weshalb auf quantitative Daten zurückgegriffen wird. Die Frage, die es sich hierbei zu stellen gilt, ist, inwiefern diese Vernachlässigung von qualitativen Indikatoren beim Performance Measurement, sich auf den Realitätsbezug des Ergebnisses auswirkt bzw. dieses verzerrt. (Turbinde/Laurin, 2009)

2.5 Fourth Generation Evaluation

Zunächst soll der Unterschied zwischen Performance Management und Evaluationsvorgängen anhand des „Concept of four generations of evaluation" unterstrichen werden.

Die erste Generation der Evaluation wird als „measurement paradigm" umschrieben. Diesem Pradigma ist zu eigen, dass die Rolle des „evaluator" rein technisch verstanden wird. Dabei wird erwartet, dass er auf sämtliche zur Verfügung stehenden Messinstrumente zugreifen kann, um so jede Variable im Zielbereich messen zu können. Da der „evaluator" damit ein Wissen über sämtliche zu erreichende Ziele und die zu verwendenden Maßnahmen verfügt, kann er so die Performance auf verschiedenen Skalen möglichst klar wiedergeben und reproduzieren, um so ein klares Bild der Lage zu liefern. Das Problem bei der ersten Generation liegt daran, dass Maßnahmenprozess sich nicht auf die zuvor vereinbarten Ziele rückbezieht. (Guba/Lincoln, 1989)

Dies führt uns direkt zur zweiten Generation. Hier werden die Ergebnisse mit den Zielen der Organisation verglichen. Der „evaluator" hat hier also die Aufgabe Muster von Stärken und Schwächen aufzuzeigen und zu umschreiben. Dabei muss er sich immer wieder klar auf die Ziele der Organisation beziehen. Die Ziele müssen dafür in handliche Kennzahlen heruntergebrochen werden, um solche Aussagen überhaupt möglich zu machen. Dies stellt vor allem bei NPOs ein Problem dar, da sie, im Gegensatz zu profitorientierten Organisationen, das oberste Ziel nicht die Umsatzmaximierung im Vordergrund steht, sondern ein Vielzahl unterschiedlicher Ziele verfolgt werden. (Guba/Lincoln, 1989)

Diesem Gedankengang folgend wird es klar, warum in der dritten Generation der Evaluation Beurteilung (englisch „judgement") und Expertise eine entscheidende Rolle spielen. Der Akt des Beurteilens ist immer mit Entscheidungen verbunden, die in einem Netz aus unterschiedlichen Wertesystemen getroffen werden müssen. Zusätzlich zu der Entscheidung muss beim Entscheidenden eben auch genügende Expertise vorhanden sein, die Madsen & Polesie (1981) folgendermaßen definieren: „Expertise is a quantum of knowledge that is recognized as being suitable for exercising judgement". Da die Entscheidungsmacht hier bei einem Individuum liegt, wird der Evaluation der objektive Rahmen entzogen und wird dadurch ein subjektiver Vorgang und damit in weiterer Folge politisch. (Guba/Lincoln, 1989)

Guba und Lincoln erarbeiten deshalb eine vierte Generation der Evaluation, die auf eine „responsive constructivist evaluation" abzielt. Die Annahme besteht darin, dass jegliche Auffassung von Performance von den teilhabenden Parteien konstruiert ist, weshalb Performance-Beurteilung in einem Dialog zwischen der Organisation und den relevanten Stakeholdern stattfinden soll. (Guba/Lincoln, 1989)

Da insbesondere Kulturbetriebe in ihrer Unternehmensstruktur durch eine Vielzahl von Stakeholdern mit unterschiedlichen, teils sich widersprechenden Interessen gekennzeichnet sind, ist hier die Relevanz von Gubas und Lincolns (1989) Ansatz der vierten Generation der Evaluation klar zu erkennen. Die zahlreichen Interessen der Stakeholder können nur durch ausreichende Kommunikation zwischen Kulturbetrieb und Stakeholdern ideal in ihrer Bedeutung ausgewertet und analysiert werden.

2.6 Qualität in Kulturorganisationen

Die Frage die sich insbesondere in Kulturbetrieben oft stellt, ist die Frage in wie weit die Qualität von kulturellen Darbietungen oder Produkten objektiv festgestellt werden soll, da sich Kunstverständnis an sich als etwas höchst Subjektives angesehen wird. Hier werden nun ein paar Faktoren vorgestellt mit deren Hilfe sich einer möglichst objektiven Betrachtung von Kultur und Kunst angenähert werden soll. Das Ziel einer solchen objektiven Qualitätsbestimmung soll sein, bei einer Diskussion zwischen Beteiligten mit verschiedenen Wertesystemen eine Diskussionsbasis mit objektiven Werten bereitzustellen. Schließlich sei noch zu sagen, dass alle Faktoren, die nun folgen auf die eine oder andere Weise messbar sind.

Zunächst einmal soll der künstlerische Output ausgiebig vorhanden sein. Dies ist sehr einfach zu messen, so kann man beispielsweise anhand der Auflage eines Buches oder der Anzahl von gegebenen Vorstellungen in einer Oper ablesen in wie weit der Output reichlich vorhanden ist. (Tofler, 1967)

Desweiteren soll der Output genügend variabel sein. Um dies zu beurteilen ist gleichzeitig aber eine Kategorisierung des Outputs notwendig. Dabei lassen sich zahlreiche Kategorisierungen verschiedenster Dimensionen erstellen, wie zum Beispiel nach Genre oder anhand des Grades der Professionalität der beteiligten Akteure. Allgemein ist festzustellen, dass je feiner unsere Output-Klassifikation gestrickt ist, desto besser können wir die Realität erfassen. Problematisch ist hierbei lediglich eine genügende Klassifizierung des Outputs, da viele Werke oft nicht eindeutig zuordenbar sind. Ist die Klassifizierung einmal weit genug fortgeschritten, stellt das Feststellen der Variabilität des Outputs kein großes Problem mehr dar. (Tofler, 1967)

Als nächstes soll der künstlerische Output technisch überragend sein, eine Kompetenz in einer rein technischen Dimension soll also vorhanden sein. Dies kann am besten von anderen Künstlern derselben künstlerischen Sparte beurteilt werden. So kann ein erfahrener Violinenspieler wohl am besten beurteilen, ob ein Musikstück technisch fehlerfrei gespielt wurde. Wenn nun mehrere Fachleute eine Leistung bezüglich ihrer Technik beurteilen, kann die rein technische Professionalität eines Werkes oder einer Vorstellung leicht statistisch abgebildet werden. (Tofler, 1967)

In einem weiteren Punkt wird gefordert, dass der Output viele Werke von hoher Güte enthalten soll. Diese hohe Güte ist nicht anhand starrer Kriterien festzumachen, sondern wird über eine gewisse Zeit per Konsensus ermittelt. Dieser scheinbar nicht greifbare Vorgang der Konsensfindung lässt sich auch in dem Sinne systematisieren, als dass man mittels qualitativer Methodik Beurteilungen entsprechender Gruppen, wie zum Beispiel Kritiker oder Konsumenten, erfasst, diese analysiert und sie dann entsprechend der Höhe ihrer Güte kategorisiert. Dabei kann das große Konstrukt „Güte" auch in mehrere kleinere Dimensionen wie zum Beispiel Originalität oder strukturelle Komplexität aufgespalten werden. (Tofler, 1967)

Als nächster Qualitätsfaktor wird aufgeführt, dass sich zeitgenössischer künstlerischer Output von den in der Vergangenheit hergestellten Werken unterscheiden soll. Anhand der bereits oben erwähnten Klassifizierung von künstlerischem Output sollte es kein Problem darstellen, festzustellen, in wie weit zeitgenössische Werke bereits vorhandene Werke kopieren oder eigenständig sind. (Tofler, 1967)

Als nächstes wird gefordert, dass der künstlerische Output genügend komplex sein muss. Während bei Musikstücken die Komplexität ganz leicht, beispielsweise mittels Computer, erfasst werden kann, ist die Erfassung insbesondere bei visueller Kunst oftmals sehr schwierig. Der Autor (Tofler, 1967) geht auf diese Problemstellung nicht weiter ein, gibt aber den Hinweis, dass er es sehr wahrscheinlich hält, dass fachkundige Kritiker sich zumindest an den beiden Enden des Kontinuums einig werden könnten. (Tofler, 1967)

Zusätzlich soll das abgezielte Publikum feinsinnig (englisch: sophisticated) genug sein. Diese Feinsinnigkeit kann verschieden definiert werden, der Autor schlägt hierbei jedoch „the ability to derive pleasure from works of high structural complexity" als zumindest einen wichtigen Index vor. (Tofler, 1967)

Ein weiterer Faktor stellt das Wachsen des Publikums dar. Dies ist einfach anhand von Verkaufszahlen oder Verbrauchsstatistiken zu erheben.
Der Grad des „commitments" des Publikums bezüglich einer künstlerischen Aktivität als Qualitätsfaktor lässt sich auch messen, da sich dieses „commitment", eigentlich ein höchst subjektiver Vorgang, in nach außen gerichtetem Verhalten zeigt. Damit kommt eine Verteilung der Ressourcen des Konsumenten zustande, indem er zum Beispiel einen gewissen Teil seines Gehalts monatlich für Theaterkarten ausgibt. Wenn man diesem Gedankengang folgt, wird es klar ersichtlich, warum „commitment" unter anderem durch ökonomische Kennzahlen dargestellt werden kann. Eine weiterer zusätzlicher und sehr wichtiger Indikator ist ebenfalls das „commitment of time", also wie viel Zeit ein Konsument damit verbringt, kulturelle Güter zu konsumieren, wodurch sich deren Wichtigkeit für das Individuum ablesen lässt. (Tofler, 1967)

Der nächste Faktor, nämlich die Größe der Amateurbewegung, lässt sich sehr leicht statistisch mit Hilfe von Erhebungen herausfinden. Der Grad der Dezentralisation, sowie die Anzahl und Größe der Institutionen lassen sich ebenfalls durch klassische Erhebungen sehr einfach feststellen. Die Effizienz an sich soll zudem sowohl quantitativ, als mittels ökonomischer Kennzahlen, als auch qualitativ festgestellt werden.
Der Grad mit dem Künstler von der Gesellschaft wertgeschätzt werden, lässt sich wiederrum einfach anhand eines Prestige-Rankings zahlreicher Berufe erfahren. Der Level des Gehalts lässt sich anhand einer entsprechenden Datenbank sehr leicht ablesen. (Tofler, 1967)

Desweiteren wird vom Autor ein Vorhandensein von Genies gefordert. Die Definition eines Genies lässt sich nur sehr schwer fassen, weshalb hier auch wieder auf das Finden eines Konsenses verwiesen wird. Aber auch eine, in der Wissenschaft übliche Methode des Zählens der Häufigkeit entsprechender Zitationen wird in Betracht gezogen. Zuletzt sollen künstlerische Werke auch im Ausland wertgeschätzt werden, was wiederrum ein sehr objektives Phänomen darstellt und entsprechend leicht zu messen ist. (Tofler, 1967)

Zum Abschluss soll noch erwähnt werden, dass der Autor diese Aufzählung von Faktoren die einen Aufschluss über Qualität geben sollen, nicht als vollständig oder gar richtig betrachtet, sondern diese lediglich ein erster Versuch sein sollen die Diskussion bezüglich der Qualität von Kunst eine objektiven Rahmen zu geben. (Tofler, 1967)

2.7 Qualität kommunizieren

Die Aktivitäten von Kulturbetrieben haben natürlich auch wirtschaftliche Auswirkungen, die auch mit Hilfe monetärer Kennzahlen gemessen werden können. So kann sich zum Beispiel ein Theater mit genügender Reputation auf den Tourismus in der Region positiv auswirken. Jeder dieser Aktivitäten ist aber auch ein ästhetischer Wert zu eigen, den man nicht durch monetäre Kennzahlen ausdrücken kann, denn dieser ästhetische Wert ist mitunter sehr subjektiv und kann von Individuum zu Individuum abweichen (Piber/Gstraunthaler). Dieser innere Wert der Kunst lässt sich nicht direkt messen sondern drückt sich indirekt über „economic representation of ‚success' or ‚effectiveness'" aus (Holden, 2004) (Piber/Gstraunthaler)

Aufgrund zunehmender wirtschaftlicher Krisen und der Abhängigkeit vieler Kulturbetriebe von öffentlichen Geldern, wird es zunehmend wichtiger für Kulturbetriebe, bei der Frage nach qualitativ hochwertigen aber dennoch bezahlbaren Kulturleistungen aktiv mitzuarbeiten und mitzudiskutieren und nicht erst auf etwaigen Druck von außen zu warten, da die Organisation sich durch aktives Handeln auf dem Markt besser positioniert. (Lausberg/Schellenberg, 2010)

Kulturbetriebe sind hier insofern vor allem gefordert, als dass die objektive Beurteilung des künstlerischen Wertes einer kulturellen Aktivität, wie weiter oben bereits erwähnt, sich nicht objektiv messen lässt. So kam bei einer Studie zu dem Ergebnis, dass selten aufgeführte, und damit auch nicht sehr bekannte Opern, oft wesentlich bessere Kritiken erhielten, als sehr bekannte, oft gespielte Werke. (Lausberg/Schellenberg, 2010)

Die öffentliche Hand als Geldgeber ist letztlich nichts weiter als ein Stakeholder des Kulturunternehmens. Diese zahlt Geld an den Kulturbetrieb, da sie sich davon die Erreichung für sie wichtiger Ziele erhofft. Die Einteilung dieser Ziele in verschiedene Dimensionen kann von der Abbildung 3 entnommen werden. Das Kulturunternehmen hat ein Interesse daran, die Ziele, die die öffentliche Hand verfolgt, zu erfüllen, da diese sonst kein weiteres Geld bereitstellen wird. (Lausberg/Schellenberg, 2010)

> **Ausgehend von den Zielen, die öffentliche Träger mit Kulturinstitutionen verfolgen, lassen sich grundsätzlich folgende Dimensionen unterscheiden:**
>
> **Künstlerische Ziele, z. B.:**
> - Qualität des künstlerischen Angebots
> - Innovationsgrad einer Institution oder eines Projekts Vielfalt des Angebots
> - Umfang/ Quantität des Angebots
>
> **Gesellschaftliche Ziele, z. B.:**
> - Vermittlung von kultureller Identität („national identity")
> - Grundversorgung der Bevölkerung mit einem kulturellen Angebot
> - Bildung (z. B. Educationangebote für Kinder und Jugendliche)
> - Ausbildung und Förderung junger Künstler
> - Soziale Integration (Austausch und Kommunikation unterschiedlicher Gesellschaftsgruppen mit Hilfe von Kunst und Kultur)
>
> **Betriebswirtschaftliche Ziele, z. B.:**
> - Einnahmenperformance (z.B. Ticketerlös pro Besucher)
> - Kostendeckungsgrad
> - Zuschuss pro Besucher
>
> **Standortbezogene Ziele, z. B.:**
> - Entwicklung einer unverwechselbaren Identität einer Region oder Stadt/ Differenzierung gegenüber Wettbewerbern
> - Attraktivitätssteigerung des Standortes gegenüber Einwohnern und Arbeitnehmern
> - Tourismus- und Wirtschaftsförderung
> - Umwegrentabilität
>
> Quelle: Maurice Lausberg (2004)

Abb. 3: Ziele von Kulturunternehmen (Lausberg/Schellenberg, 2010, S. 14)

Bei Kulturbetrieben stehen die für die Stakeholder geschaffenen kulturellen, künstlerischen und sozialen Werte im Vordergrund. Diese sind, wie bereits oben erwähnt, nur sehr schwer zu messen. Das Kulturunternehmen muss nun also diese Leistungsbestandteile vergleichbar machen, indem für die einzelnen Leistungsbereiche vergleichbare und messbare Indikatoren definiert werden. Dadurch ist es möglich den künstlerischen Aspekt der von dem Kulturbetrieb geschaffenen Leistung zu objektivieren, sowie kommunizier- und vergleichbar zu machen. Konkret wird dabei eine Performance-Matrix erstellt, um Leistungsvergleiche zu ermöglichen. (Lausberg/Schellenberg, 2010)

So ist es mit Hilfe solch einer Performance-Matrix beispielsweise möglich, amerikanische und deutsche Musiktheater zu vergleichen. Hier lässt sich erkennen, dass das amerikanische System in der wirtschaftlichen Dimension eine wesentlich bessere Leistung erzielt als vergleichbare Betriebe in Deutschland. Deutsche Vergleichshäuser hingen zeichnen sich primär durch eine bessere Spielplanperformance aus. Konkret bedeutet dies, dass die Vorstellungen in hoher Anzahl und in starker Variation gespielt werden, sowie auch der Mut zum Experimentieren und damit zum Risiko gegeben ist. Aber auch wirtschaftliche Leistungsfähigkeit, die sich durch einen guten Kostendeckungsgrad ergibt, ist gegeben. (Lausberg/Schellenberg, 2010)

Zusätzlich ist die Performance-Matrix ein Hilfsmittel für Unternehmen, um gegen immer größer werdenden finanziellen Druck bestehen zu können, indem sie sachliche Argumente für oder gegen verschiedene Finanzierungsszenarien liefert, indem sie verschiedene Szenarien mit einander vergleicht. Fragen die es bei diesem Vergleichsprozess zu beachten gilt, sind vorrangig folgende: (Lausberg/Schellenberg, 2010):

- „Welche Auswirkung hat ein Szenario auf den künstlerischen Anspruch und die gesellschaftliche Aufgabe des Theaters?"
- „Wie kann ein wirtschaftlich erfolgreiches und gleichzeitig zukunftsfähiges Arbeiten am Theater ermöglicht werden?" (Lausberg/Schellenberg, 2010, S. 15)

Die Argumente, die sich aus der Beantwortung der oberen Fragen ergeben, ermöglichen es der Führung der Kulturorganisation proaktiver reagieren zu können.

2.8 Shareholder und Stakeholder

Der Begriff Shareholder kommt aus dem Englischen und bedeutet übersetzt Aktionär bzw. Anteilseigner. Heutzutage wird mit diesem Begriff aber vor allem Macht verbunden. (Tiebel, 1998)

2.8.1 Shareholder Value Ansatz

Dieser Ansatz beschreibt ein Konzept der Unternehmensführung, der auf eine Maximierung des Marktwertes des Eigenkapitals abzielt, der auf der Bewertung von Titeln auf dem Kapitalmarkt basiert. Hierbei bewerten Investoren Aktien mit dem Barwert wahrscheinlicher zukünftiger finanzwirtschaftlicher Überschüsse. Unternehmen, wie zum Beispiel NPOs, die nicht eine Marktmaximierung erreichen wollen, müssen mit Nachteilen bei der Kapitalbeschaffung rechnen und sind somit einer möglichen Übernahme ausgesetzt. Mit diesem Ansatz können aber nicht nur Unternehmen, sondern auch Strategien entsprechend bewertet werden. Diese Bewertung hat wiederrum Einfluss auf betriebliche, finanzielle und investierende Führungsentscheidungen. (Tiebel, 1998)

Wieder auf den Unternehmenswert zurückkommend, ist es entscheidend, sich klar zu werden, dass der Unternehmenswert ein von Menschen geschaffener Wert ist. Nämlich von jenen Menschen, die die entsprechenden Dienste leisten, entsprechende Produkte fertigen, diese liefern oder auch konsumieren. Diese Menschen werden Stakeholder genannt, die alle eigene Interessen verfolgen. (Tiebel, 1998)

2.8.2 Stakeholder-Ansatz

Auf diesem Gedanken basiert der Stakeholder-Ansatz mit der ihm eigenen Stakeholder-Analyse, die die Basis des Performance Managements darstellt. (Bono, 2010)
Diese Stakeholder „agieren im gesellschaftspolitischen und sozialen Umfeld der Organisation und haben Einfluss auf das Erreichen der Organisationsziele bzw. sind selbst von denselben betroffen". (Freeman, 1984)
Durch eine entsprechende Identifizierung, Einteilung und Bewertung der verschiedenen Stakeholdergruppen gelingt es der NPO einen Überblick über die zahlreichen Erwartungen zu gewinnen, die von den Stakeholdern an sie gestellt werden. Durch diese Auseinandersetzung mit den Stakeholdern ist es möglich, eine Strategie zu generieren, die inhaltlich viele verschiedenartige Steuerungsgrößen generiert. Freeman erkannte bereits 1984, dass erfolgreiches Management bedeutet Geschäftsbeziehungen mit unterschiedlichen Gruppen zu pflegen, die zusammengenommen eben die Entwicklung des Unternehmens bestimmen. (Bono, 2010)

Freeman wiederrum streicht mit einigen Hinweisen für erfolgreiches Management heraus, wie wichtig es ist, den Einfluss von Stakeholdern nicht zu unterschätzen. So fordert er unter anderem, dass die zahlreichen Interessen der Stakeholder längerfristig aufeinander abgestimmt werden müssen, was einen intensiven Austausch mit allen Stakeholdern voraussetzt, egal ob diese uns entsprechen oder nicht. Da die Interessen der Stakeholder mitunter weit auseinander gehen könne, sollen Lösungen angestrebt werden, die möglichst viele Stakeholder zufriedenstellen. Zudem empfiehlt Freeman eine „regelmmäßige Überprüfung und Verbesserung der Prozesse zwischen Organisation und Stakeholdern". Dabei schlägt er folgenden Vorgang vor: (Freeman/Harrison/ Wicks , 2007)

- Erfassung der Stakeholder
- Analyse deren Beziehung zur eigenen Organisation
- Entwicklung angemessener Strategien

Unterschieden werden können Stakeholder grob in interne Stakeholder und externe Stakeholder. Interne Stakeholder sind jene, die eng mit der NPO verbunden sind, bzw. bei der Entwicklung der Organisation mitmischen und einen aktiven Teil zum Erfolg der Organisation beitragen. Beispiele für interne Stakeholder sind Mitarbeiter (sowohl haupt- als auch ehrenamtlich), sowie der Vorstand oder auch das Management. Das Management sei hier noch explizit zu erwähnen, denn es hat die schwierige Rolle des Vermittlers zwischen den verschiedenen Stakeholdern. (Bono, 2010)

Externe Stakeholder stehen, wie der Name schon andeutet, in einem nicht so engen Verhältnis zur Organisation wie die internen Stakeholder, besitzen aber trotzdem einen erwähnenswerten Einfluss auf den Dienstleistungsprozess. Hierzu zählen vor allem Leistungsempfänger, sowie Auftraggeber. Des Weiteren aber auch der Staat, den er schafft den legislativen Rahmen, in dem die Organisation agiert. Zudem auch noch die Medien, denn sie wirken durch ihre Berichterstattungen entsprechend auf die öffentliche Meinung über die Organisation ein. (Bono, 2010)

2.9 Kennzahlen

2.9.1 Definition

„Wieder und wieder bitte ich: Non multa sed multum. Weniger Zahlen, aber gescheitere..."
(Lenin, zitiert nach Stadler/Weißenberger 1999)

In diesem Zitat von Lenin steckt bereits die Kernaussage dessen, was es bei Kennzahlensystemen zu beachten gilt. So sollen mit möglichst wenigen Kennzahlen, um einen „Information Overload" zu vermeiden, das Wesentliche bzw. Typische in der Organisation in einer Zahl zusammengefasst werden. (Gladen 2003)
Mit Hilfe dieser Kennzahlen soll es nun dem Controller, in anderen Worten der Informationsmanager des Unternehmens, möglich sein, zu erfahren, wie es um das Unternehmen wirtschaftlich bestellt ist. (Probst, 2006)

Daraus lässt sich leicht erkennen, warum Kennzahlen als zentrale Instrumente des Performance Managements so wichtig sind. Doch die Vorstellung komplexe Wirklichkeit in einigen wenigen Zahlen auszudrücken, stößt sich oft mit dem Betriebskultur zahlreicher NPOs, vor allem im sozialen Bereich. Diese Sorgen können dadurch entkräftet werden, als dass die Ziele nicht von den Kennzahlen abgeleitet werden. Der genau umgekehrte Vorgang ist der Fall. So wirken Kennzahlen in keiner Weise auf die inhaltliche Ausrichtung der Organisation, sie sollen lediglich helfen, sicherzustellen, dass der eingeschlagene Kurs auch beibehalten wird (Bono, 2010).

Grundsätzlich sollte man zwischen Indikatoren und Kennzahlen unterscheiden. Indikatoren weisen auf Sachverhalte hin, die nicht direkt erfassbar sind, was vor allem bei qualitativen Größen der Fall ist. Ein typischer Indikator ist beispielsweise die Einschätzung der Kundenzufriedenheit oder die Einschätzung der Mitarbeitermotivation. Kennzahlen hingegen bieten in verdichteter Form Informationen über für die Organisation erfolgsrelevante Sachverhalte. Bezogen auf die Kennzahlen soll nun folgend auf deren Aufgaben eingegangen werden (Bono, 2010):

Die wichtigste Aufgabe von Kennzahlen ist wohl jene der Informationsvermittlung. Das erreichen sie, indem sie unsere Aufmerksamkeit in der Fülle von Daten lediglich zu den

Erfolgsrelevanten lenken. Daher stellen sie auch die Grundlage für eine objektive Entscheidungsfindung dar. Ohne sie wären Entscheidungen nur mit Hilfe intuitiver, nicht überprüfbarer Schätzgrößen zu treffen. (Bono, 2010)

Eine weitere wichtige Aufgabe von Kennzahlen ist die Verbesserung der internen und externen Kommunikation. Mit Kennzahlen als Diskussionsbasis ist es wesentlich leichter komplexe Sachverhalte zu kommunizieren und zu diskutieren, da sie diese vereinfacht darstellen. Mit deren Hilfe können auch Erfolge leichter kommuniziert werden, was insbesondere im Kontakt mit Stakeholdern von Bedeutung ist, da so ihre Unterstützung leichter gewonnen werden kann. (Bono, 2010)

Kennzahlen tragen ebenfalls zur Steigerung der Motivation unter den Mitarbeitern bei, sie Ergebnisse sichtbar und zuordenbar darstellen. Durch diese Transparenz werden Rahmenbedingungen geschaffen, die es Mitarbeitern schmackhaft machen, motiviert die Ziele der Organisation zu verfolgen. (Bono, 2010)

Durch die transparente Darstellung der Ergebnisse kann auch festgestellt werden, ob man sich vom Ziel entfernt oder nicht, und falls ja, wie man am besten entgegensteuert. Kennzahlen ermöglichen also auch die Kontrolle der Strategie- und Zielumsetzung. (Bono, 2010)

Die Aussagekraft einer Kennzahl wird an deren Erkenntniswert gemessen, also inwieweit eine Kennzahl bei einer vorgegeben Problemstellung Auskunft über eine mögliche Lösung des Problems liefern kann. Deshalb ist es auch wichtig, dass die Auswahl der Kennzahlen systematisch erfolgt. Durch eine entsprechend fundierte Auswahl der Kennzahlen, lässt sich mit nur Wenigen ein guter Einblick in die aktuelle Lage der Organisation erhalten (Schauer, 2008).

Da einzelne Kennzahlen oft nur eine begrenzte Aussagekraft über die oft komplexe Realität von Organisationen liefern, wird auf sogenannte Kennzahlensysteme zurückgegriffen. Kennzahlensysteme sind eine Menge geordneter Kennzahlen, die in einer sachlichen Beziehung stehen und die Realität der Organisation möglichst vollständig abbilden. (Schauer 2008)

Die Informationsgewinnung durch Kennzahlensysteme kann noch zusätzlich erhöht werden, in dem vergleichende Betrachtungen innerhalb eines Betriebes bzw. zwischen Betrieben durchgeführt werden. Folgende Vergleiche werden unterschieden (Schauer, 2008):

- Zwischenzeitlicher Vergleich
- Zwischenbetrieblicher Vergleich
- Soll-/Ist-Vergleich

2.9.2 Problematik finanzieller Kennzahlen

Niven (2003) stellt folgende Punkte als Problematiken von finanziellen Kennzahlen dar:

- Schubladen-Denken

Die Abteilungen in einem Unternehmen sind miteinander verknüpft, aber die Kennzahlen können den Wert beziehungsweise die Kosten dieser Beziehung nicht ermitteln, stattdessen betrachtet das Berichtswesen die Funktionsbereiche als Eigenes. (Niven, 2003)

- Planung auf langfristigen Erfolg wird verzichtet:

Heutzutage wird sich auf Programme konzentriert, die auf Kostenreduzierung ausgerichtet sind, die wiederum natürlich die kurzfristige Finanzsituation des Unternehmens verbessern, jedoch könnte das Problem auftreten, dass dort gespart wird, wo eigentlich investiert werden müsste, damit dass Unternehmen langfristig Erfolg haben kann. Beispiele wären in Forschung und Entwicklung (F&E) oder auch in Customer Relationship Management (CRM) zu finden. (Niven, 2003)

- Rückspiegel- Perspektive

Finanzdaten liefern uns wichtige Informationen über die Leistungen in der Vergangenheit, jedoch haben diese Informationen keine Aussagekraft, wie die zukünftige Entwicklung des Unternehmens aussehen wird. Die Umsätze der letzten Jahre geben keine eindeutige Information über die Entwicklung der Umsätze in der Zukunft. (Niven, 2003)

3. Balanced Scorecard

3.1 Abstract

Kulturbetriebe gehören meist zu den NPOs. Dies bedeutet, dass hier nicht Gewinnmaximierung, sondern die Erfüllung einer Mission im Mittelpunkt steht. Die Balanced Scorecard eignet sich deshalb so gut als Performance-Measurement-System, da durch deren Fokussierung auf die Strategie, von der wiederrum die einzelnen Betrachtungsperspektiven, sowie die Art der Kennzahlen abgeleitet werden, dem Anspruch einer NPO gerecht wird, deren übergeordnetes Ziel es ist, die Mission zu erfüllen.

Zunächst einmal wurde erkannt, dass die Leistungsbeurteilung stark auf das Verhalten von den Mitarbeitern und Vorgesetzten Einfluss nimmt. Jedoch ist auch klar, dass das traditionelle Meßgrößensystem nicht unbedingt ein realitätsnahes Bild der Leistung wiederspiegelt. Kaplan und Norton haben bei ihrer Untersuchung mit verschiedenen Unternehmen festgestellt, dass leitende Führungsstäbe sich nicht auf eine ganz bestimmte Reihe von Kennzahlen verlassen, da dies meist nicht ein getreues Erfolgsbild liefern kann, weshalb heutzutage eine „balance" zwischen finanziellen und operativen Maßnahmen gefordert wird. (Kaplan/Norton, 1991)

Zudem machen die in allen Geschäftsbereichen zu findenden Turbulenzen heutzutage für Manager mehr denn je nötig, die Forderung nach einer längerfristig anwendbaren Strategie und nach entsprechend schnell wirkenden Maßnahmen unter einen Hut zu bringen.
Horvath und Kaufmann (1998) empfehlen hierbei die Verwendung der „Balanced Scorcard" (kurz BSC) nach Kaplan und Norton. (Horvath/Kaufmann, 1998)

Zentrale Größen der BSC sind Ziele sowie Kennzahlen, die sowohl finanziellen und nicht-finanziellen Ursprungs sein können. Diese werden anhand eines top-down-Prozesses hergeleitet, in anderen Worten wird also die Strategie bzw. die Mission, die eine bestimmte Geschäftseinheit kennzeichnet in entsprechende materielle Ziele bzw. Kennzahlen übersetzt. (Kaplan/Norton, 1997)

Dabei zeichnen sich diese Kennzahlen durch die Eigenschaft der Balance aus. Nach Klingenbiel (1999) wird dabei versucht folgende sich gegenüberstehende Messgrößen entsprechend auszubalancieren, um ein möglichst realitätsnahes Bild als Entscheidungsgrundlage herzustellen. Diese sind wie folgt (Klingebiel, 1999):

- Unternehmensinterne und unternehmensexterne Messgrößen
- Monetäre und nicht-monetäre Messgrößen
- Vorlaufende und nachlaufende Messgrößen

Wie bereits erwähnt enthält die BSC finanzielle Kennzahlen, die die Ergebnisse der bereits getroffenen Maßnahmen widerspiegeln und zudem werden diese mit folgenden betrieblichen Maßnahmen ergänzt: Kundenzufriedenheit, betriebliche Prozesse und Innovationen einer Organisation bzw. Verbesserung der betrieblichen Prozesse, die die Leistungstreiber der zukünftigen finanziellen Leistungen sind. (Kaplan/Norton, 1992)

Dadurch liefert die BSC im spezifischen auf folgende Fragen eine Antwort (Kaplan/Norton, 1992):

- Wie die Kunden uns wahrnehmen? (Kundenperspektive)
- Von welchen ineffizienten betrieblichen Prozesse wir uns trennen müssen? (interne Prozessperspektive)
- Können wir unsere Wettbewerbsfähigkeit weiter steigern? (Lern und Entwicklungsperspektive)
- Wie repräsentieren wir uns gegenüber unseren Stakeholdern? (finanzielle Perspektive)

Somit ist ein BSC ein Kennzahlen- und Steuerungssystem. Es werden Kennzahlen ausgehend von der Unternehmensstrategie ermittelt, die dazu beitragen, die vorgegebenen Ziele zu erreichen. Dabei werden finanzielle Kennzahlen mit nicht monetären Größen ergänzt. Die BSC dient nicht nur dem Top-Management sondern soll jeden Mitarbeiter auf jeder Ebene als eine Art Orientierung und Hilfestellung dienen, damit die Ziele effizient erreicht werden können. (Horvath & Partner, 2001)

Managementprozesse können unter zu Hilfenahme des durch die BSC dargebotenen Blickwinkels effizienter durchgeführt werden. Dabei werden von Kaplan und Norton(1997) vier Prozessschritte postuliert, die in einem Kreislauf wirken (Kaplan/Norton, 1997):

- Klärung und Herunterbrechen von Vision und Strategie
- Kommunikation und Verknüpfung von strategischen Zielen und Maßnahmen
- Planung, Festlegung von Zielen und Abstimmung strategischer Initiativen
- Verbesserung von strategischem Feedback und Lernen

Der erste Schritt ist hierbei die Klärung bzw. das Herunterbrechen von Vision und Strategie. Hierbei ist es die zentrale Aufgabe des Top-Managements die Strategien des Unternehmens auf spezifische strategische Ziele herunter zu brechen. Diese werden für jede der vier Perspektiven eigens formuliert. Der Vorteil hierbei ist, dass so die wirklich wichtigen Einflussfaktoren herausgefunden werden können und so entsprechende Verbesserungsmöglichkeiten identifiziert und in einem nächsten Schritt kommuniziert werden können. (Kaplan/Norton, 1997)

Sind die strategischen Ziele identifiziert, müssen sie an die Mitarbeiter des Unternehmens weiterkommuniziert werden, da schlussendlich die entsprechende Leistung der Mitarbeiter zum Erreichen der gesteckten Ziele den größten Teil beiträgt . Daher ist es entscheidend, dass die Ziele in einer Form kommuniziert werden, die sie den Mitarbeitern verständlich macht, denn nur wenn diese verstanden wurden, können sie auch umgesetzt werden. Ein darauffolgender Schritt sieht die Planung, die Festlegung von Zielen und die Abstimmung strategischer Initiativen vor. (Kaplan/Norton, 1997)

Dabei werden auf Basis der Erkenntnisse der zwei vorangegangenen Schritte Zielvorgaben erarbeitet, die mit entsprechenden strategischen Maßnahmen abgestimmt werden. Zusätzlich werden Ressourcen so verteilt, um das Erreichen der Zielvorgaben zu ermöglichen. Desweiteren werden noch Meilensteine gesetzt, die eine Überprüfung des Fortschreitens der Zielerreichung ermöglichen. (Scherer/Alt, 2002)

Schließlich soll noch eine Verbesserung von strategischem Feedback und Lernen stattfinden, indem die BSC mit einem strategischen Lernprozess verknüpft wird. Dies ermöglicht es das erfolgreiche Fortschreiten der Strategie zu überwachen und gegebenenfalls an sich verändernde Umweltbedingungen anzupassen. Diese Überwachung findet auf allen vier Ebenen statt. (Kaplan/Norton, 1997)

Es sei noch zu erwähnen, dass die oben beschriebenen Managementprozesse in einem Kreislauf wirken, die in der unteren Abbildung 4. gut ersichtlich ist. (Kaplan/Norton, 1997)

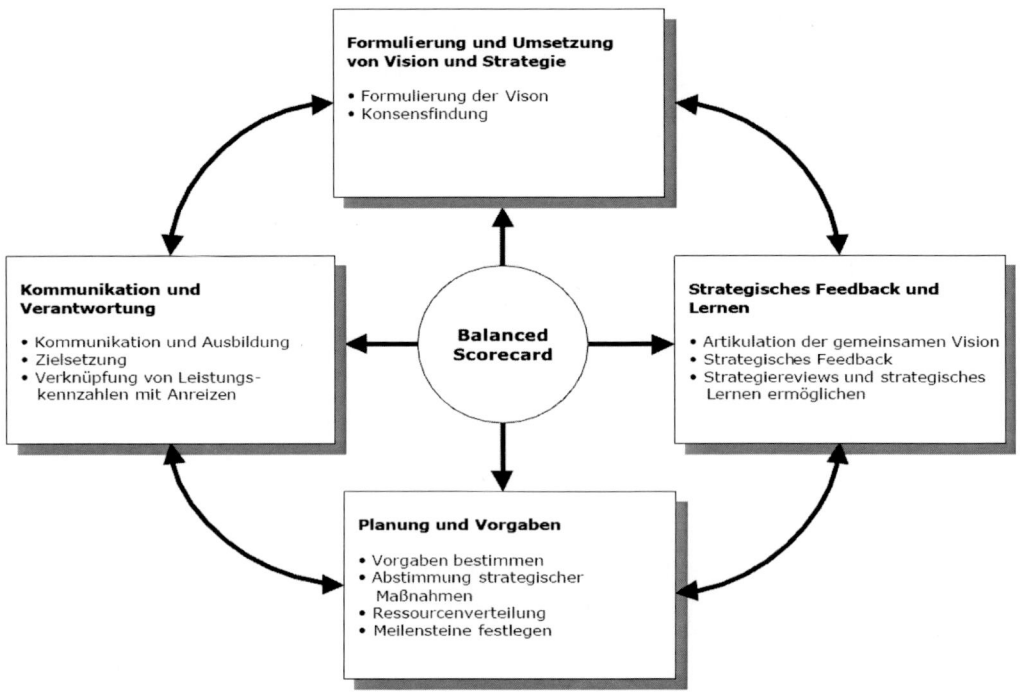

Abb 4: Die Balanced Scorecard als strategischer Handlungsrahmen (http://www.hyperspace.de, 21.07.2012)

So wirken Erkenntnisse, die in der Managementprozessphase des Lernens gewonnen werden, wiederrum auf Klärung der Strategie im entsprechenden Managementprozess zurück, um so die Strategie an die Umweltbedingungen anzupassen.

3.2 Wieso genau wurde die BSC entwickelt?

Wie bereits oben erwähnt ist die BSC aus der Kritik von der traditionellen Leistungsbeurteilung /Rechnungswesen entstanden. Nun stellt sich aber explizit die Frage, wo genau liegen die Mängel am klassischen strategischen Managementprozess und den dabei eingesetzten Steuerungsinstrumenten. Im Folgenden wird auf die Mängel eingegangen (Horvath/Kaufmann, 1998):

Mangel 1: Keine eindeutige Methode für die Festlegung der Wertsteigerung:

Herkömmlichen Kennzahlen, wie zum Beispiel „ROI" (Return on Investment) oder „Betriebsergebnis" haben sich gut etabliert, da sich über die Zeit eine gültige Definition gefunden und bewährt hat. Jedoch ist dies nicht der Fall im Shareholder Value-Ansatz. So gibt es unterschiedliche Anwendung bei EVA von Stern Stewart, Economic Profit (EP) von Mc Kinsey, Added Value (AV) von der London Business School hinsichtlich der verwendeten Erfolgsgrößen und Vermögensgrößen. Aber auch auf der Basis der Kapitalwertmethode wie zum Beispiel „Discounted Cash-Flow" (DCF) oder „Cash-flow-Return on Investment" (CFROI) gibt es Uneinigkeiten bezüglich der Anwendung des Cash-Flows (Free Cash-flow oder der Brutto Cashflow) und auch beim zur Diskontierung heranzuziehenden Kapitalkostensatzes. (Horvath/Kaufmann, 1998)

Mangel 2: Geringe Akzeptanz des Shareholder-Value-Ansatzes

Der Shareholder-Value Ansatz wird oft negativ aufgenommen, denn dieser wird oft mit Eigentümerkapitalismus und Stellenabbau assoziiert, obwohl dieser Ansatz nicht auf kurzfristige sondern auf langfristige Wertschöpfung abzielt. (Horvath/Kaufmann, 1998)

Mangel 3: Begrenzte Verarbeitung komplexer Informationspakete

Hier spielt der Begriff „Overloaded Information" eine wichtige Rolle. Manager besitzen ausreichend Wissen über das Unternehmen und können sich über neue Informationstechnologie neue Informationen einholen, wenn die Führungskräfte jedoch gefragt werden, anhand welcher Steuerungsgrößen geprüft wird, ob das Unternehmen auf dem strategischen richtigen Kurs liegt, wird zwar spontan eine Hand voll Kennzahlen aufgelistet, jedoch erkennen die Führungskräfte bei der Auflistung, dass es wenige strategierelevante Größen gibt, die den aktuellen Stand des Unternehmens abbilden. (Horvath/Kaufmann, 1998)

Mangel 4: Zeitverlust bis zur Strategieumsetzung

Die Strategieumsetzung wird oft unterschätzt, denn dies ist kein leichter Prozess. Eigentlich müssen die Strategien klar beschrieben und kommuniziert werden, denn nur so erfahren die

Mitarbeiter und Abteilungen ihre Rolle in der Strategieumsetzung. Aber dies erfolgt oft nicht beziehungsweise nur unzureichend. Das Problem beginnt schon in der Führungsebene, die oft keine Klarheit über die strategische Ausrichtung des Unternehmens haben. (Horvath/Kaufmann, 1998)

Die Balanced Scorecard soll mit ihrer Methodik gezielt dafür sorgen, dass diese oben beschriebenen Mängel nicht mehr vorkommen. So setzt die BSC vor allem auf eine klare Ausarbeitung der Strategie, die auch entsprechend klar in der gesamten Organisation zu kommunizieren ist. Die Strategieumsetzung wird aus mehreren Perspektiven betrachtet und mit Hilfe einer überschaubaren Anzahl monetärer und nicht-monetärere Kennzahlen in ihrem Fortschreiten überwacht.

3.3 Perspektiven

Die BSC wird allgemein in vier Perspektiven unterteilt: Finanzen, Kunden, interne Prozesse und Lern-Entwicklungsperspektive. Diese stellen die vier klassischen Perspektiven dar. Eine dem Unternehmen entsprechende Abwandlung der verwendeten Perspektiven ist möglich.
Die zentrale Fragestellung, die es mit Hilfe der BSC zu beantworten gilt, ist, wie die Ziele des Unternehmens erreicht werden können. Die verschiedenen Perspektiven, die bei der BSC verwendet werden, ermöglichen hierbei, ein möglichst vielschichtiges und der Realität möglichst entsprechendes Bild als Entscheidungsgrundlage zu liefern ohne dabei den Entscheidungsträger aufgrund zu vieler Daten in seiner Entscheidungsfähigkeit zu lähmen. Desweiteren lässt die BSC zu, dass auf die sich ständig verändernden Anforderungen aus der Umwelt entsprechend flexibel reagiert werden kann. (Niven, 2003)

3.3.1 Finanzwirtschaftliche Perspektive

In dieser Perspektive werden klassische finanzielle Kennzahlen dargestellt, die einen Überblick über die wirtschaftlichen Auswirkungen früherer Aktionen des Unternehmens geben sollen. Finanzielle Kennzahlen zeigen ebenso an, ob eine Strategie, die das Unternehmen verfolgt, in ihrer Umsetzung überhaupt zu einer Ergebnisverbesserung beiträgt, da finanzielle Kennzahlen immer mit Rentabilität verbunden sind. (Kaplan/Norton, 1997)

Zusätzlich sind die anderen Perspektiven der finanziellen Perspektive untergeordnet, daher müssen die Kennzahlen der untergeordneten Perspektiven in einer Ursache-Wirkungsbeziehung mit den finanziellen Kennzahlen und damit den finanziellen Zielen des Unternehmens stehen. Typische Kennzahlen in dieser Perspektive sind zum Beispiel Eigenkapitalrendite oder Steigerung des Unternehmenswerts. (www.hyperspace.de, 21.07.2012)

Die Kennzahlen der finanzwirtschaftlichen Perspektive messen dabei das (finanzielle) Ergebnis der Umsetzung der jeweiligen Unternehmensstrategie. Diese Perspektive gibt also letztlich Auskunft darüber, ob eine Strategie in finanzieller Hinsicht erfolgreich war oder nicht, was vor allem bei ertragsorientierten Unternehmen stark im Vordergrund steht. (Horvath & Partner, 2001)

Zusammenfassend kann gesagt werden, dass den Kennzahlen der finanzwirtschaftlichen Perspektive eine Doppelrolle zukommt: Sie definieren zum einen die finanzielle Leistung, die bei Durchführung der Strategie nach einer festgelegten Zeitperiode herauskommen soll und zum anderen stellen sie die Endziele dar, die von den Zielen und Kennzahlen der anderen Perspektiven der Scorecard erreicht werden sollen. (Kaplan/Norton, 1997)

3.3.2 Die Kundenperspektive

Diese Perspektive soll die Umsetzung strategischer Ziele in Betrachtung entsprechender Kunden- bzw. Marktsegmente darstellen (http://www.hyperspace.de, 21.07.2012).
In anderen Worten liegt der Fokus auf Zielen, die den Marktauftritt und die Marktpositionierung betreffen. Diese Perspektive soll klären, welche Kundengruppe vorrangig angesprochen werden soll und wie man von dieser wahrgenommen werden möchte. (Horvath & Partner, 2001)

In der Kundenperspektive findet man gewöhnlich zwei Arten von Kennzahlen. Zum einen einige allgemeine und segmentübergreifende Kennzahlen, wie zum Beispiel Kundenzufriedenheit oder Gewinn- und Marktanteile in den Zielsegmenten, die den Erfolg bzw. den Misserfolg der Strategieumsetzung wiedergeben. Aber auch spezifische Kennzahlen für entsprechende Marktsegmente sollten in die Perspektive aufgenommen werden.

Die entsprechenden Ergebnisse dieser Perspektive geben somit Auskunft darüber, welche Faktoren dazu beitragen, dass Kunden die Dienste des Unternehmens nicht mehr in Anspruch nehmen oder diesem eben treu bleiben. (Kaplan/Norton, 1997)

3.3.3 Die interne Prozessperspektive

Die interne Prozessperspektive definiert entsprechende Leistungsergebnisse von Prozessen, die nötig sind, um die Ziele der Kundenperspektive und der finanzwirtschaftlichen Perspektive zu erreichen. (Horvath & Partner, 2001)

Dadurch können Prozesse identifiziert werden, die potentiell verbessert werden können, um so die erfolgreiche Strategiedurchführung zu begünstigen. Vorherrschendes Interesse herrscht also an jenen Prozessen, die eine möglichst große Auswirkung auf Kundenzufriedenheit und damit die Unternehmenszielerreichung haben. (Kaplan/Norton, 1997)

Hierbei ist auch ein maßgeblicher Unterschied auszumachen, der die BSC von anderen Performance-Measurement-Ansätzen unterscheidet. Während üblicherweise der Fokus dieser Ansätze auf der Verbesserung und Überwachung existierender Prozesse liegt, identifiziert der Scorecard-Ansatz ebenso neue Prozesse, die zur Erreichung einer optimalen Kundenzufriedenheit eingeführt werden müssen. Ziel ist also das Auffinden jener Geschäftsprozesse, die für die Unternehmensstrategie am erfolgskritischsten sind, eingenommen jene, die im Moment der Erfassung noch gar nicht umgesetzt sind. (Niven, 2003)

Ein weiteres Ziel dieser Perspektive ist die Integration von Innovationsprozessen in entsprechende Produktionsprozesse. Dies ist vor allem längerfristig gedacht von Bedeutung, denn die Sicherung wirtschaftlicher Leistung in der Zukunft erfordert unter anderem die Schaffung völlig neuer Produkte bzw. Dienstleistungen, um die Bedürfnisse der Kunden auch in Zukunft zu befriedigen oder neue Kundengruppen zu erreichen. So können zum Beispiel längerfristige Produktentwicklungsprozesse mit einer erfolgskritischen zukünftigen Leistung begründet werden. (Kaplan/Norton, 1997)

3.3.4 Die Lern- und Entwicklungsperspektive

Während die Kunden- und die interne Prozessperspektive die erfolgskritischen Faktoren identifizieren, gibt diese Perspektive Auskunft über die zu schaffende Infrastruktur, die gegeben sein muss, um Verbesserung und damit längerfristiges Wachstum sicherzustellen. (Kaplan/Norton, 1996)

Die Kennzahlen dieser Perspektive beschreiben also Lern- und Entwicklungsprozesse, die nötig sind, um die definierten Ziele der vorangegangenen Perspektiven zu erreichen. (www.hyperspace.de, 21.07.2012)

Kaplan und Norton (1997) definieren hierbei für die wachsende und lernende Organisation drei Ursprünge: Menschen, Systeme und Prozesse. Dabei finden sich im Normalfall große Lücken in den Potentialen der Menschen, Systeme und Prozesse in Bezug auf die eigentlich für die Höchstleistung erforderlichen Faktoren. Diese Lücken können aber mit Hilfe von Investitionen in Weiterbildungen, Informationstechnologien und Systemen geschlossen werden. Für jeden dieser Bereiche werden auch entsprechende Kennzahlen identifiziert. (Kaplan/Norton, 1997)

Personalkennzahlen sind, ähnlich wie Kundenkennzahlen, aufgeteilt in allgemeine Wirkungskennzahlen, wie zum Beispiel Mitarbeiterzufriedenheit oder Ausbildung, und spezifischen Kennzahlen, also spezielle Fähigkeiten, die in neuen Wettbewerbsumfeldern von Nöten sind. Informationssysteme werden hingegen zum Beispiel danach beurteilt, in wie weit sie kritische Informationen über kritische Kunden möglichst zeitnah an alle Mitarbeiter weiterzugeben fähig sind. (Kaplan/Norton, 1997)

3.4 Ursachen-Wirkungsanalyse

Das Ziel der BSC ist letztlich das Ausdrücken der unternehmerischen Strategie in Ursachen-Wirkungs-Beziehungen, die durch die Ziele und Kennzahlen, die in den einzelnen Perspektiven konstatiert werden, ihren Ausdruck finden. (Kaplan/Norton, 1997)
Kaplan und Norton (1997) unterstellen hierbei, dem Prinzip ihrer Perspektiven folgende Ursache-Wirkungskette, die in der Abbildung 5 zu sehen ist.

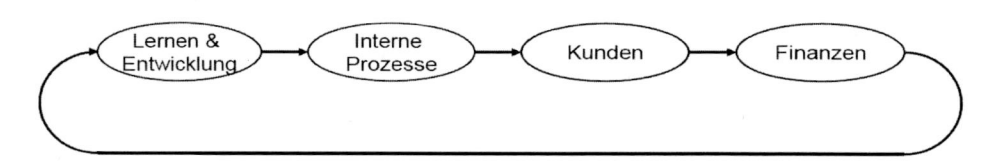

```
┌─────────────────────────────────────────────────────────────┐
│  ┌─→ Lernen &  ──→ Interne  ──→ Kunden  ──→ Finanzen ──┐    │
│  │   Entwicklung   Prozesse                             │    │
│  └──────────────────────────────────────────────────────┘    │
```

Abb. 5: Ursache-Wirkungsbeziehungen der BSC (Wallenburg/Weber,2006, S.6)

Die Basis bildet die Lern- und Entwicklungsperspektive, die als Treiber der darauffolgenden Perspektive, nämlich die der internen Prozesse, beschreiben. (Wallenburg/Weber, 2006) Treiber sind insofern wichtig, als dass sie vermitteln, wie Ergebnisse bzw. Strategien erreicht werden sollen. (Kaplan/Norton, 1997)

Die Lern- und Entwicklungsperspektive gibt dabei Auskunft inwiefern Mitarbeiter und Informationssysteme im Unternehmen Anpassung an die sich verändernde Umwelt und Veränderung ermöglichen und damit einen Beitrag zur Wertschöpfung leisten, was sich wiederum positiv auf die Ausführung interner Prozesse auswirkt . (Wallenburg/Weber, 2006)

Das nächste Glied in der oben abgebildeten Kausalkette ist jenes, das die interne Prozessperspektive und die Kundenperspektive miteinander verbindet. Als Treiber wirkt hierbei der Nettokundennutzen, der sich aus dem Vergleich von seitens der Kunden erwarteten und tatsächlich erhaltenen Nutzen ergibt. Der Logik der Ursache-Wirkungskette folgend erhöhen verbesserte Prozesse innerhalb des Unternehmens den Kundennutzen und damit auch die Ergebnisse in der Kundenperspektive. (Wallenburg/Weber, 2006)

Letztlich sind noch die Kunden- und die Finanzperspektive miteinander verbunden. In der Finanzperspektive wird, wie weiter oben bereits erwähnt, in wie weit ein Unternehmen finanziell erfolgreich ist. Da finanzieller Erfolg mit Verkauf von Produkten oder Dienstleistungen an Kunden einhergeht, ist der zentrale Treiber die Kundenbindung. Hierbei ist jedoch zu beachten, dass nur bis zur Optimierung selbiger sich ein Finanzerfolg einstellte, weitere Versuche, die Kundenbindung über das optimale Maß hinaus zu erhöhen sind mit mit einem Finanzverlust verbunden. (Wallenburg/Weber, 2006)

Wird zusätzlich noch die Dimension der Zeit berücksichtigt, dann wird aus der Ursache-Wirkungskette ein Ursache-Wirkungskreis, da Verbesserungen in die Lern- und Entwicklungsperspektive immer mit nötigen Investitionen gekoppelt sind, deren Einsatz sich über die Zeit für das Unternehmen finanziell rechnen muss. (Wallenburg/Weber, 2006)

3.5 Implementierung

Folgend soll nun kurz auf den Vorgang der Implementierung einer BSC in ein Unternehmen eingegangen werden. Dieser Prozess besteht aus insgesamt 5 Phasen (Horvath & Partner, 2001):

Phase I	Phase II	Phase III	Phase IV	Phase V
Organisatorischen Rahmen schaffen	Strategische Grundlagen klären	BSC entwickeln	Roll-out der BSC managen	Kontinuierlichen Einsatz sicherstellen
☐ Architektur der BSC bestimmen ☐ Projektorganisation festlegen ☐ Projektablauf gestalten	☐ Strategische Analyse ☐ Strategische Ausrichtung ☐ BSC-Perspektiven festlegen	☐ Workshop I: Schulung BSC-Coaches ☐ Workshop II: Strategische Ziele ableiten ☐ Workshop III: Kausalzusammenhänge identifizieren ☐ Workshop IV: Messgrößen auswählen ☐ Workshop V: Zielwerte festlegen ☐ Workshop VI: Strategische Aktionen bestimmen	☐ Roll-out-Methode schulen ☐ BSC auf die gesamte Raiffeisenbank ausdehnen	☐ Integration in das Planungs- und Managementsystem ☐ Verknüpfung mit dem Anreizsystem ☐ Abstimmung des Berichtswesens

Abb. 6: Entwicklung von BSC (www.raiffeisenblatt.at, 25.07.2012)

In Phase 1 soll der organisatorische Rahmen für die Implementierung geschaffen werden. Wichtige Aufgaben in dieser Phase sind unter anderem die Bestimmung der BSC-Struktur, also zum Beispiel festlegen welche Perspektiven zu verwenden sind, die Standardisierung und Kommunikation der Methoden und Inhalte, was insbesondere in Unternehmen wichtig ist, die die BSC in mehreren Ebenen ihres Unternehmens einführen wollen, sowie die Berücksichtigung kritischer Erfolgsfaktoren. (Horvath & Partner, 2001)

In Phase 2 liegt der Fokus auf der Klärung strategischer Grundlagen. Die BSC zielt in erster Linie darauf ab eine schon bestehende Strategie zum Implementieren. Sollte die Implementierung mit einer Strategieentwicklung zusammenfallen, sind folgende Punkte von der BSC nicht abgedeckt und sollten in Phase 2 eigens geklärt werden(Horvath & Partner, 2001):

- Überprüfung strategischer Voraussetzungen
- Festlegung einer strategischen Stoßrichtung

In Phase 3 folgt nun die eigentliche Entwicklung der BSC. So erfolgt in einem ersten Schritt die Ableitung der strategischen Ziele, die auch den Kern der BSC bilden. Durch die Verknüpfung selbiger entstehen dann in einem nächsten Schritt Ursache-Wirkungsbeziehungen zwischen den Zielen. Im nächsten Schritt werden passende Messgrößen ausgewählt. Diese sollen das Verhalten der Betroffenen in die strategisch gewünschte strategische Richtung lenken und aus ihnen muss der Output, also die Erreichung des gesteckten Ziels, ersichtlich sein. In den letzten beiden Schritten der Phase 3 sollen schließlich noch entsprechende Zielwerte und strategische Aktionen (die zur Erreichung des Ziels beitragen sollen) bestimmt werden. (Horvath & Partner, 2001)

Phase 4 erfordert nun den Roll-Out der BSC zu managen. Dabei geht es nicht alleine darum, Phase 3 auf andere Organisationseinheiten zu übertragen, vielmehr soll eine Qualitätsverbesserung des strategischen Managements des Unternehmens erfolgen. Zum einen kann die BSC auf untergeordnete Organisationseinheiten leicht hinuntergebrochen werden, ein Vorgang der vertikale Zielintegration genannt wird. Zum anderen erleichtert die BSC als Kommunikationsmedium Abstimmung nebeneinanderstehender Einheiten. (Horvath & Partner, 2001)

Schließlich soll in Phase 5 der kontinuierliche Einsatz der BSC im Unternehmen sichergestellt werden, sodass das Unternehmen sich als strategiefokussierte Organisation versteht. So muss die BSC in die bereits vorhandenen Systeme, wie zum Beispiel das Planungs- oder das Berichtsystem des Unternehmens, integriert werden. Desweiteren soll der Einsatz der BSC auch durch eine entsprechende IT-Infrastruktur erleichtert werden. (Horvath & Partner, 2001)

3.6 Mögliche Probleme bei der Einführung

Grundvoraussetzung für die Einführung der BSC ist die Unterstützung seitens des Top-Managements im Unternehmen. Dessen Aufgabe ist es, andere Führungskräfte im Umgang mit selbiger zu motivieren (http://www.hyperspace.de, 21.07.2012). Die häufigsten Probleme bei der Erstellung der BSC sind folgende (www.hyperspace.de, 21.07.2012, www.boeckler.de, 22.07.2012):

- Es gibt keine ausformulierte Strategie, die Strategieentwicklung wurde also zuvor außer Acht gelassen bzw. übersprungen oder es herrscht kein Konsens innerhalb des Topmanagements bezüglich der Strategie
- Er erfolgt eine mangelnde Anpassung des Konzepts auf die dem Unternehmen eigene Besonderheiten, wie zum Beispiel ein unreflektiertes Übernehmen von Zielgrößen oder Kennzahlen
- Der Aufwand, den die Erstellung einer BSC mit sich bringt, wird unterschätzt, weshalb nicht genügend Ressourcen zur Verfügung stehen
- Eine Überbetonung der Kennzahlen, obwohl strategische Ziele den eigentlichen Kern der BSC bilden
- Ziele weichen sich von der Realität ab und es wurde ein Wunschvision gestaltet. Oder Ziele können zu spezifisch formuliert sein, sodass die Mitarbeiter sich an der Herausforderung nicht antrauen
- Ziele erscheinen isoliert und ergeben kein vernünftiges Gesamtbild. Dadurch wird ein BSC sehr kompliziert und für den einzelnen wenig nachvollziehbar.
- Fehlende Motivation bei Mitarbeitern bzw. den Führungskräften
- Hang zu Perfektionismus, obwohl diesen die BSC als auf einen Entwicklungsprozess ausgerichtetes System zumindest anfangs nicht erfüllen kann.

3.7 Risiken bei schlechter Umsetzung

Natürlich birgt wie jedes Instrument auch das BSC Risiken, die bei schlechter Umsetzung sicherlich auftauchen. Nicht nachvollziehbare Ziele bzw. auch unrealistische Ziele können zu Fehlrichtungen führen. Ungeeignete Kennzahlen können die Unternehmenssituation verschleiern, sodass Maßnahmen zu spät ergriffen werden können. Die Transparenz bringt auch Gefahren mit sich, denn interne Informationen werden freigegeben, inwieweit auf den unteren Ebenen einzelne Ziele erreicht wurden. (www.boeckler.de, 22.07.2012)

3.8 Wieso ist die BSC für Kulturbetriebe geeignet?

Die Balanced Scorecard ist vor allem deshalb so sehr für Kulturbetriebe geeignet, da sie zu den sonst vorherrschenden quantitativen Informationen, also den finanziellen Kennzahlen, auch qualitative Informationen, so genannte „soft facts" hinzufügt, mit Hilfe derer vor allem analysiert werden kann, in wie weit die verfolgte Mission der NPO umgesetzt wird und wo noch Schwachstellen zu finden sind, die es zu optimieren gilt. Diese Strategiefokussierung ist in Kulturbetrieben deshalb von größter Wichtigkeit, da oft nur die Führung genau über die Mission der Organisation Bescheid weiß, es aber versäumt, diese an alle Mitarbeiter weiter zu kommunizieren, denn nur durch ein gemeinsames Arbeiten auf ein Ziel hin, kann dieses auch erreicht werden. Die Balanced Scorecard deckt solche Missstände auf und hilft die Strategie im alltäglichen Arbeiten in allen Bereichen der Organisation stärker in den Fokus zu rücken (Schneidewind, 2006).

Durch das Näherbringen der Mission an die Mitarbeiter wird erreicht, dass diese sich stärker mit der Organisation identifizieren und dadurch deren Motivation gesteigert wird, was sich wiederrum positiv auf ihre Arbeitsleistung auswirkt. Dies ist insbesondere in Kulturbetrieben von größter Bedeutung, denn die Personalintensität in diesen ist enorm hoch und daher mit vielen relevanten Abhängigkeiten verbunden (Schneidewind, 2006).

Die Balanced Scorecard eignet sich außerdem gut für Kulturbetriebe, da zum einen mit Hilfe der bereits oben behandelten Perspektiven sichergestellt wird, dass nicht nur finanzwirtschaftliche sondern auch künstlerisch relevante und kulturpolitische Aspekte betrachtet werden und somit immer die Missionserfüllung im Zentrum der Aufmerksamkeit bleibt, ohne die finanzwirtschaftlichen Rahmenbedingungen außen vor zu lassen. Zum anderen lässt sich die Balanced Scorecard gut an das jeweilige Unternehmen anpassen, indem man entsprechende Perspektiven wählt, denn die vier Grundperspektiven sind lediglich Vorschläge und nicht jede muss in jeder Organisation Anwendung finden. Wichtig ist lediglich, dass die Auswahl der Perspektiven immer reflektiert, mit der Mission im Blick, stattfindet (Schneidewind 2006).

3.9 Balanced Scorecard am Beispiel eines Museums

3.9.1 Perspektiven

Wie bereits erwähnt, ist die Balanced Scorcard ein Instrument, das sich flexibel an die jeweiligen Anforderungen einer Organisation anpassen kann. Hier sollen nun grob jene Perspektiven vorgestellt werden, die ein Museum charakterisieren:

Perspektive der Missionserfüllung

Bei NPO, wie ein Museum auch eine ist, stellt eine erfolgreiche Missionserfüllung das oberste Ziel dar. Um dieser übergeordneten Rolle der Missionserfüllung in NPOs gerecht zu werden, wird diese in der Balanced Scorecard in einer eigenen Perspektive miteingeschlossen. Diese übergeordnete Rolle in der Balanced Scorecard weist darauf hin, dass sämtliche Aktivität in der NPO die Missionserfüllung zum Ziel hat. (Kisslinger, 2006)

Wirkungs-/Finanzperspektive

Diese Perspektive soll es ermöglichen, den finanziellen Erfolg mit Hilfe von finanziellen Kennzahlen zu messen. Dabei ist aber zu beachten, dass dabei die Missionserfüllung als übergeordnetes Ziel eine höhere Priorität hat und deshalb beispielsweise Einsparungspotentiale nur umzusetzen sind, wenn sie die Mission an sich und damit die künstlerischen Ansprüche nicht behindern. (Kisslinger, 2006)

Stakeholderperspektive

In dieser Perspektive wird auf die verschiedenen Stakeholder eingegangen. Zum einen seien hier die internen Kunden, wie zum Beispiel Bereichsleiter im Rahmen der Budgeterstellung, erwähnt. Zum anderen die externen Kunden, wie Besucher oder Sponsoren. (Kisslinger, 2006)

Prozessperspektive

Dieser Perspektiv kommt insofern Bedeutung zu, als dass einzelne Prozesse, wie zum Beispiel im Sicherheitsbereich, direkt Einfluss auf die Missionserfüllung üben, ohne dass sie die direkt übergeordneten Perspektiven beeinflusst. (Kisslinger, 2006)

Mitarbeiter-/Potentialperspektive

Diese Perspektive setzt die Mitarbeiterfortbildung in den Mittelpunkt, da entsprechend ausgebildete Mitarbeiter entscheidend für einen einwandfreien und qualitativ hochwertigen Prozessablauf sind und somit die Basis für zukünftige Erfolge bilden. (Kisslinger, 2006)

3.9.2 Strategische Ziele und Kennzahlen

Nun werden zu den einzelnen Perspektiven die strategische Ziele und Kennzahlen festgelegt. Hiermit sei betont, dass zu jeder Perspektive 2 Strategische Ziele definiert werden, aber es natürlich für jede einzelne Perspektive mehrere strategische Ziele und Kennzahlen geben kann.

Bei der Finanz-/Wirkungsperspektive können folgende strategische Ziele definiert werden:

Strat. Ziel 1: Shoperlössteigerung und Betriebskostensenkung

Betriebskostensenkung kann beispielsweise durch Senkung der Miet- oder Stromkosten umgesetzt werden. Shoperlössteigerung kann, wie bereits weiter oben erwähnt, zum einen durch die Optimierung des Sortiments, zum anderen durch eine Verbesserung des Services erreicht werden. **Kennzahl:** Umsatz im Verhältnis zum Umsatz im letzten Jahr. ((Umsatz heuer- Umsatz im letzten Jahr) / Umsatz im letzten Jahr) *100. Optimal wäre ein positiver Prozentsatz (Kisslinger, 2006)

Strat. Ziel 2: Besseres wirtschaftliches Auftreten aller Bereiche

Die Steigerung des Erlöses und die Senkung der Kosten führen schließlich zu einem verbesserten wirtschaftlichem Auftreten sämtlicher Bereiche der Organisation. **Kennzahl** : Erlöse im Vergleich zum letzten Jahr: ((Erlöse heuer- Erlöse im letzten Jahr)/Erlöse im letzen Jahr)*100. Optimal wäre ein positiver Prozentsatz; Kosten im Vergleich setzen mit den angefallen Kosten vom letzten Jahr. (Kisslinger, 2006)

Bei der Stakeholderperspektive können folgende strategische Ziele definiert werden:

Strat. Ziel 1: Shopkundenzufriedenheit erhöhen

Dieses Ziel kann vorrangig durch eine Optimierung des Sortiments und einer Verbesserung des Services erreicht werden. Durch diese Maßnahmen kann eine Erhöhung der Zufriedenheit der Shopkunden stattfinden. **Kennzahl**: Erhebung einer Umfrage zur Kundenzufriedenheit. (Kisslinger, 2006)

Strat. Ziel 2: Besucherzufriedenheit erhöhen

Die Zufriedenheit der Besucher, aber auch der Sponsoren, hängt von zahlreichen Faktoren ab, die es alle zu berücksichtigen und zu optimieren gilt. Beispielhafte Faktoren sind hierbei: Sicherheit, Aufsicht, ordentlicher Betrieb, etc. **Kennzahl**: Erhebung einer Umfrage zur Besucherzufriedenheit. (Kisslinger, 2006)

Bei der Prozessperspektive können folgende strategische Ziele definiert werden:

Strat. Ziel 1: Interne Kommunikation verbessern

Die Verbesserung der internen Kommunikation wirkt sich positiv auf sämtliche Bereiche der Organisation aus, da dadurch das Zusammenarbeiten zwischen den einzelnen Abteilungen optimal abgestimmt und dadurch ein besseres Ergebnis erreicht werden kann. **Kennzahl**: Häufigkeit der bereichsübergreifenden Meetings. (Kisslinger, 2006)

Strat. Ziel 2: Zusammenarbeit mit den anderen Abteilungen verbessern

Durch die zuvor erwähnte Verbesserung der internen Kommunikation, verbessert sich folglich das Service und damit die Zufriedenheit der internen Kunden, also der Mitarbeiter aus anderen Bereichen. Besonders profitiert hierbei das Kuratorium als Hauptberichtsempfänger von dieser besseren Zusammenarbeit zwischen den Abteilungen. **Kennzahl**: Feedback von den Abteilungen zu der Zusammenarbeit mit den anderen Abteilungen. (Kisslinger, 2006)

Bei der Mitarbeiter-/Potentialperspektive können folgende strategische Ziele definiert werden:

Strat. Ziel 1: Ausbildung/Qualifikation der Mitarbeiter erhöhen

Da Mitarbeiter die Basis für erfolgreiches Arbeiten darstellen, ist es essentiell wichtig, dass zum einen qualifizierte Mitarbeiter beschäftigt werden und zum anderen entsprechende Fortbildungen und die Möglichkeit des Erwerbs von Zusatzqualifikationen angeboten und gefördert wird. **Kennzahl**: Ausbildungsaufwand. (Kisslinger, 2006)

Strat. Ziel 2: Mitarbeiterzufriedenheit erhöhen

Diese ist eine sehr allgemeine und „übliche" Zielsetzung, die sich positiv auf sämtliche Aufgaben- und Zielbereiche auswirkt. Obwohl schwer zu messen, kommt ihr deshalb eine besonders hohe Bedeutung zu. **Kennzahl**: Erhebung einer Umfrage zur Mitarbeiterzufriedenheit. (Kisslinger, 2006)

4. Literaturverzeichnis

Bono, M.L. (2010): Performance Management in NPOs. Nomos Verlagsgesellschaft: Baden-Baden.

Bosch, D.J. (1991) Transforming Mission: Paradigm Shifts in Theology of Mission in ORBIS BOOKS

Campbell, A. , Devine, M. , Young, D. (1992): Vision, Mission, Strategie: Die Energien des Unternehmens aktivieren. Campus Verlag GmbH: Frankfurt/Main

Freeman R.E (1984): Strategic Management. A Stakeholder Approach. In Pitman

Gilhespy, J. (1999), Measuring the Performance of cultural organizations: A Model. in International Journal of Arts Management

Gladen, W. (2003): Kennzahlen- und Berichtssysteme: Grundlagen zum Performance Measurement. Betriebswirtschaftlicher Verlag Dr. Th. Gabler GmbH: Wiesbaden

Guba, E.G. , Lincoln, Y.S. (1989) . Fourth Generation Evaluation. in Sage.

Holden, J. (2004). Capturing Cultural Value. Demos

Horvath & Partner, (2001): Balanced Scorecard umsetzen.Schäffer-Peschel Verlag für Wirtschaft-Steuern-Recht GmbH & Co.KG :Brennberg

Horvath, P. , Kaufmann L. (1998): Balanced Scorecard- ein Werkzeug zur Umsetzung von Strategien. In Harvard Business Manager: July 1998

Kaplan, R.S , Norton D. P. (1997):Balanced Scorecard. Schäffer-Peschel Verlag für Wirtschaft-Steuern-Recht GmbH & Co.KG: Brennberg

Kaplan, R.S , Norton D. P. (1992): The Balanced Scorecard- Measures that drive Performance. In Harvard Business Review

Kaplan, R.S , Norton, D. P. (1996): Linking the Balanced Scorecard to Strategy. In California Management Review

Kisslinger M.V. (2006): Balanced Scorecard in Museen. Diplomarbeit: Fakultät für Betriebswirtschaft der Leopold-Franzens Universität Innsbruck

Klingebiel, N. (1999): Performance Measurement (Grundlagen-Ansätze-Fallstudien). Betriebswirtschaftlicher Verlag Dr. Th. Gabler GmbH: Wiesbaden

Kushner, R. , Poole P. (1996) Exploring Structure-Effectiveness Relationships in Nonprofit Arts Organization. in Nonprofit Management and Leadership

Lausberg, M. , Schellenberg, F. (2010): "Return-on-cultural-investment" klar herausarbeiten. in Theater Management aktuell, Februar 2010

Neely, A./Greogory, M. / Platts, K. (1995): Performance measurement system design: a literature review and research agenda, in : Journal of Operations & Production Management

Niven, P.R. (2003): Balanced Scorecard- Schritt für Schritt. WILEY-VCH GmbH & Co. KGaA: Weinheim.

Probst, H.J. (2006): Kennzahlen leicht gemacht- richtig anwenden und interpretieren. Redline GmbH: Heidelberg.

Piber , M. , Gstraunthaler T. : Performance Measurement in cultural organizations: Living the contradictory logics of the fine arts and entrepreneurial profits in a multiple stakeholder environment

Piber, M. , Gstraunthaler T.: Management Control in Museums and Cultural Organizations: Performance Measurement, Metrics, and Genuine Judgements.

Schauer, R. (2008): Rechnungswesen für Nonprofit-Organisationen : Ergebnisorientiertes Informations- und Steuerungsinstrument für das Management in Verbänden und anderen Nonprofit-Organisationen. Haupt Berne: Basel

Scherer, A.G. , Alt, J. M. (2002): Balanced Scorecard in Verwaltung und Non-Profit-Organisationen. Schäffer-Peschel Verlag für Wirtschaft-Steuern-Recht GmbH & Co.KG: Stuttgart

Schneidewind P. (2006): Betriebswirtschaft für das Kulturmanagement : ein Handbuch, Transcript

Schreyer, M., (2007): Entwicklung und Implementierung von Performance Measurement Systemen. Deutscher Universitäts-Verlag: Wiesbaden

Schuster , J.M (1997) „The Performance of Performance Indicators in the Arts. in Nonprofit Management and Leadership

Tiebel, C. (1998): Strategisches Controlling in Non Profit Organisationen, Verlag Franz Vahlen GmbH: München

Tofler A. (1967): The Art of Measuring the Arts. In Sage, Sep. 1967

Turbide, J. , Laurin, C. (2009): Performance Measurement in the Arts Sector: The case of the Performing Arts. in international Journal of Arts management, Winter 2009

Voss, Z.G , Voss G.B. (2000) Exploring the Impact of Organizational Values and Strategic Orientation on Performance in Not-for-Profit Professional Theatre. in International Journal of Arts Management

Wallenburg, C.M. , Weber J.(2006): Ursachen-Wirkungsbeziehungen der Balanced Scorecard – Empirische Erkenntnisse zu ihrer Existenz. In WHU, Januar 2006

Internetquellen

www.wirtschaftslexikon.gabler.de, 02.08.2012

www.hyperspace.de, 21.07.2012

www.boeckler.de, 22.07.2012

www.raiffeisenblatt.at, 25.07.2012